KB110113

슬픔 속에서 빛을 보다

인생 끝자락에서 찾은 행복의 끈

남은주 지음

슬픔 속에서 빛을 보다

발 행   2023년 3월 20일
저 자   남은주
디자인   남은주
펴낸이   허필선

펴낸곳   행복한 북창고
출판등록 2021년 8월 3일(제2021-35호)
주 소   인천 부평구 원적로361 216동 1602호
전 화   010-3343-9667
이메일   pilsunheo@gmail.com
홈페이지 https://www.hbookhouse.com

판매가 | 16,000원
ISBN 979-11-976996-6-5 (03190)

* 잘못 만들어진 책은 구입하신 서점에서 교환해 드립니다.
* 본 책은 저작자의 지적 재산으로서 무단 전재와 복제를 금합니다.

인생 끝자락에서 찾은 행복의 글

슬픔
속에서
빛을 보다

남은주 지음

삶은 보는 각도에 따라 달라 보인다.
슬픔에 휘둘리지 않고 나로 살아가는 방법

행복한북창고

프롤로그

　결코, 만만한 삶은 아니었다. 한 번도 내가 바라고 원하는 삶을 살아보지 못했다. 내 삶이 다른 이들에 의해 조정 당하고 있는 것 같았다. 대학은 포기해야 했고, 첫 직장을 잡으려는 시도는 무산되었다. 결혼 후 지금까지 나를 옭아매고 있는 현실이라는 덫에서 빠져나올 수 없었다.

　이상하리만큼 헤어짐과 죽음은 내 가까이에 있었다. 전혀 예상하지 못한 친정아버지와 남편의 죽음은 나의 삶을 크게 바꿔놓았다. 정신적 지주였던 아버지가 세상을 떠난 후 모든 게 달라졌다. 남편의 죽음으로 나는 미망인이 되었다. 미워하는 마음이 컸지만, 그렇게 빨리 무지개 다리를 건너갈 줄 몰랐다. 아버지가 작고하신 후 나는 자영업자로 거듭나기 위해 고군분투했다. 모든 게 서툴렀기에 밥 먹는 시간, 잠자는 시간까지 아껴야 했다. 아버지의 손때가 묻은 곳에서 그 흔적을 따라 눈물을 흘렸다.

남편의 죽음은 시기적으로 최악이었다. 이혼 서류를 법원에 제출하고 출석하기 하루 전이었고, 아들의 논산훈련소 입소 날짜를 사흘 앞둔 시점이었다. 또 세 들어있던 가게의 상가가 경매 진행 중에 있었다. 안 좋은 일은 밀물처럼 한꺼번에 밀려온다는 말이 실감 났다. 정신을 차릴 수 없었다. 죽음은 멀리 있는 게 아니었다. 미워했던 마음만큼 상실감도 컸다.

혼자 아이를 키우며 참 힘들었다. 그러나 아이는 내가 세상을 사는 이유이자 힘이었다. 힘들고 유혹이 있을 때마다 아이에게 부끄러운 엄마는 되지 말자며 마음을 다잡았다. 친정 부모님의 도움이 없었더라면 우리 모자는 어떻게 되었을지 상상하기 어렵다. 무뚝뚝한 경상도 집안이라 살가운 표현은 없다. 그러나 표현하지 않아도 진심은 어디서나 통한다. 어린이집에서 실시한 아이의 심리테스트 결과를 상담하기 위해 어린이집을 방문했다. 형제가 없는 독자가 맞냐고 물어 볼 정도로 아이의 심리와 인성이 좋았다. 부족한 부모를 대신한 외조부모님의 사랑 덕분이라고 생각한다.

절망의 늪에서 허우적대다가 책을 읽으며 소망을 갖게 되었다. 책을 통해 '너무 늦은 때란 없다.'는 것을 배웠다. 나처럼 앞날이 막막한 사람들에게 희망을 전해야 겠다는 마음이 생겼다. 삶이 무너진 곳에서 위로받고 용기 내어 다시 일어서게 하는 책을 쓰고 싶었다. 눈물과 회한으로 점철되었던 나의 과거도 한 번은 정리해보고 싶다는 생각했다.

내 삶을 쓰는 시간은 숨겨놓은 나와 만나는 시간이었다. 글을 쓰며 아픔의 실체가 무엇인지 들여다보고 상처가 치유되었다. 얽히고설켜 감정의 골이 깊었던 사람을 용서하게 되었고 무엇보다 나 자신을 찾을 수 있었다. 지난날을 부끄럽고 창피하게만 여겼는데, 이제는 당당하게 맞설 수 있는 내적 힘이 생겼다. 힘겨웠던 삶은 실패한 게 아니었다. 지금 돌이켜보니 다른 선택을 했어야 맞는다고 생각이 들지만, 그때는 그때 나름대로 최선을 다해서 살았다는 것에 초점을 맞추니, 마음이 편해졌다. 그 힘든 시간을 잘 견뎌 낸 나 자신이 자랑스럽고 대견하다. 글을 쓰면서 나는 다시 태어났다.

그렇게 내 삶이 책으로 옮겨졌다.
부족한 글솜씨로 어설프게 써 내려간 개인적인 이야기를

세상에 내놓는다는 것이 한없이 부끄럽다. 그리고 누군가 이 책을 읽는다고 생각하면 쥐구멍에라도 들어가고 싶은 기분이다. 그러나 나를 결박하는 것은 환경이나 조건이 아니라 바로 나 자신 이었다는 것을 알리고 싶었다.

모든 건 마음 먹기에 달렸다는 옛말이 있다. 생각을 달리하면 다른 삶을 살 수 있다. 늦은 나이에 두려운 마음으로 출발점에 서 있는 누군가의 삶을 응원한다. 나와 같은 사람, 나보다 힘든 삶을 사는 사람, 변화가 필요한 사람에게 내 작은 삶의 흔적들이 '너무 늦은 때는 없다.'는 것을 보여주었으면 한다. 중요한 것은 시기가 아니라 시도하는 것이다.

저자 남은주

Book

목차

9

1장

모든 점은 연결된다

삶은 보는 각도에 따라 달라 보인다.
슬픔에 휘둘리지 않고 나로 살아가는 방법

44년 전 그날

"모르는 노래만 적으라고 했잖니"

내 고향, 경상북도 안동에 있는 '영가국민학교'에서 나는 인싸였다. 입학하고 첫 시험에서 성적이 아주 좋았다. 운동장에서 아침조회 시간에 전교생이 보는 앞에서 단상에 올라가 상장을 받았다. 그때는 좋은 줄도 몰랐다. 자랑스럽거나 특별한 일이 아니었다. 교만하거나 건방져서가 아니라 아무것도 몰랐기 때문이다. 그렇게 앞에 나가 상을 받기가 쉽지 않다는 걸 그때는 몰랐다. 그저 이름이 불리고 나오라고 하니 나갔고, 상을 주기에 받았을 뿐이다. 조선일보에서 주최하는 '전국소년소녀미술대회'의 입상을 포함해서 그렇게 몇 번 더 단상에 올라가 상을 받았다.

성인이 되어서 엄마와 그 시절의 일을 추억 삼아 얘기한 적이 있다. 당시 동네 아주머니들이 했던 말을 들려주었다. "아니, 은주 엄마는 왜 학교를 한 번도 안 가요? 그 쪼끄마한 애가 한 번도 아니고 몇 번을 전교생이 보는 데서, 교장 선생님께 상을 받는데 왜 안 가요?" 했단다. 엄마는 맞벌이를 했다. 사는 게 바빴다. '말썽 피우지 않고 학교 잘 다니는데 내가 학교를 왜 가?'라고 생각했단다. 학교에 찾아갈 시간도 없었을뿐더러 그럴 필요성을 못 느꼈다고 했다.

학원이나 과외가 흔하던 시대가 아니었기에 학교가 끝나면 어두워질 때까지 밖에서 놀았다. 동네 아이들과 마을 뒷동산에 올라가 산 너머 동네에 사는 아이들과 전쟁을 하고, 뱀을 잡는다고 야단법석을 떨었다. 한 번은 정말 뱀을 잡아 깡통에 넣어갔는데, 동네 어르신이 껍질을 벗겨 불에 구워 드셨던 기억이 있다. 학교 운동장에서 그네를 타다가 떨어져 턱을 심하게 다치기도 했다. 양호선생님이 흐르는 피를 지혈시키고 약을 바른 후에 거즈를 접어서 상처에 덮고 반창고를 붙여 주셨다. 그 사고로 아직도 턱에 큰 흉터가 남아있다. 낙동강에 빨래하러 가는 아주머니들을 따라 멱을 감으러 가기도 했다. 그렇게 안동에서의 삶은 평온했다.

어느 날 아버지 혼자 서울을 다녀오시더니 우리도 곧 서울로 이사할 거라고 했다. 이사하기 전에 아버지와 함께 2~3일 정도 서울에 다녀왔다. 지금 생각해도 왜 나만 데리고 상경했는지 모르겠다. 어쨌든 서울을 잠깐 경험했다. 안동에서 우리 앞집에 아버지에게 사촌이 되고 내게는 당숙 되는 분이 살았다. 그 집도 서울로 이사한다고 했다. 앞집 육촌 언니와 나는 서울로 이사 가서 사투리 쓰면 안 된다고 둘이 서울말을 연습했다. 우리끼리는 참 진지했다. 언니 집이 먼저 이사를 하고 우리도 곧 뒤따라 서울로 이사했다.

그렇게 초등 4학년 3월, 안동에서 서울로 전학했다. 전학 온 첫날을 44년이 지난 지금도 잊을 수 없다. 전학 온 날이 하필 시험을 치르는 날이었다. 국어 산수 사회 자연 이렇게 4과목을 시험 봤다. 서울에서 치르는 첫 시험이지만 담담하게 시험에 임했다. 평균 90점이 넘는 아이들은 몇 안 되었다. 거기에 내가 포함되었다. 낯선 곳에서 예고 없이 치른 시험이라 완전히 긴장했는데 기사회생한 셈이다. 담임 선생님도 칭찬해 주셨다. 더불어 나의 실력에 대해 은근히 기대하는 것 같아 기분이 좋았다. 안동에서 단상에 올라가 상을 받을 때와는 달리 이번에는 나도 우쭐한 마음이 들었다. 서울에서의 첫 출발은 그렇게 화려하게 시작되었다. 안동에서처럼 평탄한 학교생활이 이어질 것 같았다.

그러나 그건 나의 착각이었다. 다른 건 다 무시하더라도 서울과 지방은 교육의 내용 면에서 차이가 컸다. 그중에 특히 기억나는 건 음악 수업이다. 서울의 초등학교에서는 교과서에 없는 노래를 많이 가르치고 불렀다. 안동에서는 상상도 못 할 풍경이었다. 모르는 노래만 공책에 옮겨 적으라고 하시며 선생님은 칠판에 가사를 적어 주셨다. 아뿔싸! 내가 아는 노래가 하나도 없었다. 가사 적기에 바빠서 노래를 따라 부를 수 없었다. "모르는 노래만 적으라고 했잖니!" 하며 선생님이 화를 내셨다. "저는 다 모르는 노래예요."라고 말하고 싶었지만 소심한 나는 아무 말도 하지 못했다. 이후로 모르는 노래가 나오면 아는 척하며 가사를 적지 않고 가끔은 립싱크를 했다. 음악 교과서에 있는 노래보다 교과서 외의 노래를 더 많이 불렀기 때문에 어쩔 수 없었다.

이렇게 시작된 고난의 행군은 계속되었다. 4학년이 되면서 학과목 수준이 갑자기 높아져서 수업내용을 따라가기 힘들었다. 거기에다 서울 아이들과 어울리는 데 어려움이 있었다. 아이들은 이미 3년 동안 우정을 쌓으며 서로 친밀한 관계였다. 내향적인 성격에다 시골뜨기인 내가 끼어들 틈이 없었다. 안동에서는 누가 전학 오면 서로 그 아이와 친해지려고 잘 대해줬는데 서울 아이들은 달랐다. '이래서 서울깍쟁이라고 하나?' 하는 생각이 절로 들었다. 지방에서 전학 와서 그런지 은근 무시하는 친구도 있었다. 특히 내 뒤에 앉은 남학생 때문에 많이 힘들었다. 미술 시간에 수채화를 그리고 있었다. 그 아이는 아무도 눈치채지 못하도록 교묘한 방법을 써서 우연인 것처럼 내 스케치북에 물통을 넘어뜨렸다. 그림을 망쳤으나 나는 어떤 말도 하지 않았다. 두 갈래로 땋은 내 머리카락을 시도 때도 없이 잡아당기며 괴롭혔다. 내게는 그 아이가 이문열 작가의 『우리들의 일그러진 영웅』에 나오는 엄석대처럼 느껴졌다. 그 앞자리에 내가 앉았다는 것이 나의 비극이었다.

그뿐만이 아니었다. 수업시간 준비물을 제대로 챙길 수 없었다. 준비물을 알림장에 적었지만 그게 어떻게 생긴 물건인지, 어디서 사야 하는지, 가격이 어느 정도인지 알지 못하는 것도 있었다. 엄마에게 도움을 청하면 되었을 텐데, 왜 그렇게 하지 않았는지 모르겠다. 혼자 준비하려다 보니 음악, 미술 수업 준비가 제대로 안 되었다. 처음보다 성적이 떨어지고 수업시간에 필요한 준비물도 안 가져오니 선생님의 실망은

이만저만이 아니었을 거다. 우리 반에는 나와 비슷한 시기에 전학 온 여자아이가 있었다. 그 아이는 좋은 성적을 꾸준히 유지하고 수업 태도도 좋았다. 당연히 담임 선생님이 예뻐할 수밖에 없었다. 나의 잘못 때문이지만 선생님의 관심 밖으로 벗어나니 공부가 하기 싫어졌다. 자포자기하는 심정으로 일부러 준비물을 안 가져간 적도 있었다. 이런 상황이 이어지다 보니 본래도 소심하고 조용한 성격이었던 나는 점점 더 내 안으로 숨어들게 되었다.

1년을 힘겹게 보내고 5학년이 되었다. 환경이 바뀌니 나도 새로운 마음으로 학교생활을 할 수 있었다. 예전의 모습으로 돌아가 열심히 공부했다. 친구가 많지 않아 밖에 나가 노는 것보다 집에 있는 날이 더 많았다. 당시에는 집에서 놀만 한 놀이 도구가 거의 없었다. 자연스럽게 공부를 할 수밖에 없는 환경이 되었다. 중간고사와 기말고사 시험 때마다 정해진 등수 안에 들면 학교에서 상장을 주었다. 나는 그 상을 받기 위해 더 열심히 공부했다. 덕분에 초등학교를 졸업하기까지 좋은 성적을 유지했다. 5학년 1학기는 어떻게 지냈는지 기억에 없고 2학기에 짝이 바뀌었다. 약간 까무잡잡한 피부에 계란형 얼굴의 예쁘장한 J와 짝이 되었다. 이후로 우리는 단짝이 되어 항상 붙어 다녔다. 놀다가 헤어질 때도 우리 집과 J의 집 사이를 왔다 갔다 하는 것을 몇 번이나 반복하고 나서야 각자 집으로 돌아가곤 했다. J와 우정을 나누며 힘겨운 서울 생활에 조금씩 적응해 나갔다.

 상위권 성적이라는 절대적으로 유리한 조건에서도, 나는 왜 그렇게 주눅이 들었을까? 세련된 서울 말투와 밝고 환한 표정과 몸짓과 거침없는 행동까지, 내가 가지지 못한 것에 집중했기 때문이다. 한마디로 열등감에 사로잡혀 있었고, 주변 환경에 쉽게 흔들렸다. 나의 장점에 더 집중했더라면 학교생활은 훨씬 재미있었을 텐데 그러지 못했다. 『우리들의 일그러진 영웅』의 엄석대가 휘두르는 폭력에, 저항하지 않는 아이들이 바로 '나'였다. 책에서도 학년이 올라가며 담임 선생님이 바뀌었다. 그때부터 엄석대 신화는 무너지고 아이들은 그들의 권리를 되찾을 수 있었다. 소설 속 아이들과 마찬가지로 나 역시 4학년이 힘겨웠다. 그러나 그 상황을 좋게 만들기 위해 노력하기보다 환경에 순응하는 것을 선택했다. 맞서 싸울 용기가 없었고 두려웠다.

 어느 곳이든 긍정과 부정이 공존한다. 중요한 건 환경이 아니라 그에 반응하는 나의 선택이다. 어떤 것도 모두 좋을 수 없고, 모두 나쁠 수도 없다. 어려운 상황을 만났을 때 긍정적인 관점에 집중하는 것이 중요하다. 여기 검은 개와 흰 개가 있다. 어떤 개가 더 잘 클까? 말할 것도 없이 내가 먹이를 주는 개다. 결국, 선택의 문제이다. 절망과 좌절은 개에게나 줘버리고, 언제나 긍정으로 통하는 문을 활짝 열어 두어야 한다.

자고 일어나니

"남은주가 누구니?"

초등학교 졸업식 날, 학교를 떠나는 것이 좋았다. 우는 아이도 더러 있었지만, 나는 오히려 홀가분했다. 세련된 서울 아이들의 기세에 눌리고 위축되어 힘들었던 초등학교를 무사히 졸업했다는 안도감이 더 컸다. 6학년 겨울방학에는 중학교에서 배울 수학과 영어를 선행학습 했다. 난생처음 과외란 걸 해봤다. 수학, 영어 두 과목을 그룹으로 과외수업을 받았다. 우리 형편에 과외는 꿈도 못 꿨는데 엄마가 어떻게 그런 생각을 했는지 의외였다. 처음 접해 본 영어가 신기하면서도 어려웠다. "I am Tom. You are Jane. I am a student. You are a teacher." 당시 중학교 영어 교과서에 제일 먼저 나오는 문장이다. 과외 선생님을 따라 읽고, 읽고 또 읽었다. 귀에 딱지가 앉게 읽었다. 절친이었던 J도 나와 함께 과외공부를 했다. 이 친구는 영어에 흠뻑 빠져서 영어 사생팬이 되었다. 중학교 3년 과정의 영어 교과서를 모두 외울 정도였다.

엄마는 백화점에 가서 중학교 입학 준비물을 사 주셨다. 가정 형편이 어려웠기에 백화점에서 산다는 건 엄두도 못 냈다. 영어와 수학을 과외로 선행학습 한 것과 입학 준비물을 백화점에서 산 것은 우리 집 형편에 아주 획기적인 일이었다. 엄마는 첫딸이라 신경을 많이 썼다. 지금 생각해보면 엄마도 첫딸의 중학교 입학이 꽤 설레었나 보다. 절친 J와 같은 중학교에 입학하여 같은 반을 배정받았다. 뛸 듯이 기뻤다. 이미 초등학교에서 한 번 홍역을 치렀기에 걱정을 많이 했는데 천군만마를 얻은 기분이었다. 중학교에 대한 걱정이 조금은 사라졌다. 가벼운 마음으로 입학을 기다렸다.

중학교에 입학하고 보니 내 눈앞에 신세계가 펼쳐졌다. 여러 초등학교 졸업생들이 모여 새로운 그룹이 형성되었다. 나만 낯선 것이 아니라 모두가 서먹한 관계였다. 친구 관계가 새로이 만들어졌다. 초등 4학년, 서울로 전학했을 때는 나 혼자 이방인이었다면, 지금은 모두가 이방인이었다. 내게는 J가 있어서 든든했다. 주눅 들지 않아서 좋았다.

우리가 서로에게 익숙해질 즈음 중간고사 시험 기간이 발표되었다. 중학교에서 처음 치르는 시험이라 모두 긴장하고 열심히 준비했다. 각 과목 선생님들은 수업시간마다 시험 범위 내에서 요점 정리 해주시고 예상 문제도 풀어주셨다. 드디어 결전의 날이 되었다. 어떤 아이는 엄마가 시험 보는 줄 모르고 미역국을 끓여줘서 그날 시험을 망칠 것 같다고 했다. 연합고사나 수능시험도 아닌데 엿을 먹고 온 아이도 있었다. 1교시 시작 전 조회시간에도 부족한 부분을 다시 확인하느라 여느 때와 다르게 조용했다.

　이 중간고사에서 내가 일을 냈다. 당시에는 한 학급에 60명 이상 모여 공부했는데 반에서 2등을 한 것이다. 담임 선생님도 놀라고 우리 반 친구들은 물론 1학년 전체가 놀랐다. 전교 1등에서 50등까지 성적순으로 반과 이름을 적어 복도에 대자보처럼 붙여 놓았다. 선생님과 아이들은 '남은주'가 누구인지 궁금했나 보다. 수업 과목이 바뀔 때마다 담당 선생님은 "남은주 일어나 봐라." 하셨다. 쉬는 시간이면 "남은주가 누구니?"라고 말하며 우리 교실로 찾아오는 아이도 있었다. 자리에 앉아 있으면 다른 반 아이가 와서 "네가 남은주니?" 하며 묻기도 했다. 그럴 때마다 나도 모르게 우쭐해졌다. 내가 마치 스타가 된 듯 했다.

영국의 낭만파 시인 바이런이 "자고 일어났더니 유명해졌다."라고 한 것처럼 나도 시험 한번 잘 봤더니 유명해졌다. 나는 이 시험을 계기로 많은 변화를 경험했다. 칭찬은 고래를 춤추게 한다고 했다. 선생님과 아이들이 보내는 칭찬과 관심은 나를 춤추게 했다. 그때부터 공부가 더 재미있었다. 누가 시키지 않아도 알아서 척척했다. 알람 소리에 맞춰 새벽 4시 30분에 일어나 친구들과 같이 첫차를 타고 남산도서관, 마포도서관, 영등포도서관을 다녔다. 그때는 힘든 줄 모르고 열정적으로 공부했었다. 선생님들의 관심이 내가 공부하는데 가장 큰 동기부여가 되었다. 공부해야 하는 이유가 분명했고 명확한 목표가 있었다. 하나를 끝까지 지속할 힘이 있고, 그 중심에 내가 있었다. 중학교 때에는 공부하는 게 제일 재미있었다. 내 인생에서 그때만큼 열심이었던 적이 없다. 그때가 나의 리즈 시절이었다.

　그렇다고 공부만 한 건 아니었다. 연극을 좋아하는 친구가 있었다. 방과 후에 모여 당시 인기 있었던 만화, '캔디'로 역할극을 했다. 그 친구가 대본을 쓰고 각자에게 배역을 맡기면 시키는 대로 했다. 그때는 "이걸 왜 시켜?" 했는데 지금은 소중한 추억이다.

오히려 고등학생이 되어서는 공부보다 놀기 바빴다. 학교가 남산 밑에 있어서 자습시간에, 학교에서 가까운 남대문 시장에 가서 옷을 사고, 남산에 올라가 놀기도 했다. 따분한 토요일에는 일탈을 시도했다. 중학교 때는 공부에 빠지고, 고등학교 때는 친구와 노는 것에 빠졌다. 성인이 되고, 아이를 키우면서 나도 모르게 나의 어린 시절은 잊고 있었다. 내가 중학교 때 공부를 좋아했던 이유가 칭찬이었다는 것을 잊고 있었다. 어느새 나도 다른 부모들과 같이 아이가 조금이라도 놀기 시작하면 화를 내고, 공부하라고 다그쳤다. 어쩌면 아이들이 공부하는 것을 싫어하는 것이 아니라 성인, 특히 우리 부모가 어떻게 해서든 공부를 싫어하게 만드는 것일 수도 있다.

교사 한 명의 칭찬이 놀라운 변화를 일으킨 좋은 예시가 있다. '잭 캔필드'와 '마크 빅터 한센'이 쓴 〈영혼을 위한 닭고기 수프〉에 이런 이야기가 실려 있다. 미국 어느 대학의 사회학과 교수가 자신의 강의를 수강하는 학생들에게 볼티모어 빈민가 청소년 200명을 만나 생활환경을 조사하고, 25년 후에 그들이 어떤 모습일지 전망하라는 과제를 냈다. 학생들이 내린 결론은 이랬다.

'아무런 기회가 주어지지 않기 때문에 이 아이들에겐 미래가 없다. 빈민가 청소년은 마약과 알코올중독에 빠져 폭력이 난무하는 환경 속에 있고, 배움의 기회가 없기 때문에 어떠한 미래도 꿈꿀 수 없다.' 수강생들의 대답은 한결 같았다. 25년이 지난 후에 빈민가 청소년들이 어떻게 살고 있는지 추적조사 했다. 놀랍게도 사망하거나 이사 간 사람 20명을 제외하고 180명 중의 176명이 성공적인 삶을 살고 있었다. 그들의 직업은 변호사, 의사, 사업가 등 상류층이었다. 그들에게 어떻게 성공했는지를 물었다. 그들은 모두 스테파니아라는 한 명의 여자 선생님을 지목했다. 스테파니아를 찾아가 기적의 비결이 무엇이냐고 물었다.

"그것은 정말 간단한 일이었지요. 난 그 아이들을 사랑하고 한 가지씩 희망을 주었을 뿐입니다." 그녀의 답이다. 그 아이 중에 톰 크루즈가 있었다. 그는 교과서조차 읽지 못하는 심한 난독증이 있었다. 그녀는 "너는 천사의 목소리를 가지고 있구나. 어쩌면 그렇게 아름다울 수 있니? 네가 교과서를 잘 읽을 수 있다면 우리는 늘 천사의 목소리를 들을 수 있겠구나." 하며 톰 크루즈를 칭찬해 주었다. 이 한마디에 자신감을 얻은 톰 크루즈는 꿈을 꾸게 되었고 그 꿈이 이루어져 세계적 배우가 되었다. 아이가 자신의 꿈을 이루게 하기 위해서는 아이들에게 공부하라고 다그치기보다 칭찬과 격려를 해주어야 한다.

내가 고등학교에 다닐 때는 입시학원이나 과외가 금지된 시절이라 사교육은 없었다. 요즘 아이들보다 공부에서 훨씬 자유로웠다. 친구와 버스를 타고 태릉선수촌으로 가서, 배밭에 활짝 핀 배꽃 사이를 거닐며 힐링을 했다. 그리고 그 기억은 소중하고 행복한 추억으로 남아있다. 아이들에게 우리가 해야 할 일은, 수학 문제를 하나 더 풀게 하는 것이 아니다. 칭찬과 격려로 용기를 주고, 꽃의 아름다움을 느껴보는 추억을 만들어 주는 것이다.

세상이 만들어 놓은 길

단지 '불합격'이란 말만 머릿속에서 맴돌았다.

1985년 11월 20일, 날짜도 잊히지 않는다. 결전의 그 날, 날씨는 쨍하게 좋았던 것으로 기억한다. 초등학교 6년, 중학교 3년, 고등학교 3년까지 12년 동안 공부한 것을 모두 쏟아붓는 대학 입학 학력고사 날이다. 긴장한 탓인지 그날은 예정시간보다 일찍 눈이 떠졌다. 학력고사를 치른다는 생각에 마음이 무거워지고 심장이 '쿵'하고 내려앉았다. 시험 고사장 가는 교통상황을 알수 없기에, 불안한 마음을 달랠 틈도 없이 서둘러야 했다. 세수하고 엄마가 차려주신 아침밥을 먹었다. 평소엔 2교시 끝나면 점심 도시락을 미리 먹었기에 아침을 안 먹었지만, 그날은 특별한 날이었다. 점심시간이 되기 전에 밥을 먹을 수 없다. 시험 문제 풀다가 배고프면 안 되니까 평소 먹지 않던 아침밥을 챙겨 먹었다. 추위에 떨면 공부한 것도 생각이 안 날 것 같아서 옷을 두둑하게 껴입었다. '혹시나 빠뜨리고 가면 어쩌나?' 하는 불안한 마음이 들어 가방에 넣어둔 수험표를 몇 번이나 확인했다. 엄마가 싸 준 도시락을 가지고 부모님의 응원을 받으며 시험 치를 학교로 향했다.

학교에 도착해 보니 수험생과 그들을 응원하는 사람들로 교문 앞이 시끌벅적했다. 각 학교 후배들이 응원의 메시지를 적은 피켓을 들고 따뜻한 차를 나눠주며 격려해주었다. 교문 안으로 들어가는 수험생을 바라보는 부모님의 안타까운 눈빛도 보였다. 나도 교문을 들어서서 운동장을 가로질러 재빠르게 배정된 반으로 갔다. 자리에 앉으니 갑작스레 두려움이 몰려왔다. 떨리는 마음을 주체할 수 없었다. '청심환이라도 먹을 걸 그랬나?' 하는 생각이 들었다. 1교시 국어시험을 시작으로 힘겨운 시간이 흘렀다. 모르는 문제가 왜 이렇게 많은지, 알쏭달쏭 답이 헷갈리는 문제는 대충 체크하고 시험지를 이리저리 뒤집으며 진땀을 흘렸다. 내 인생에서 가장 집중했던 순간이 아닐까 싶다.

시험을 치르고 한 달 정도 기다리니 점수가 나왔다. 좀 실망스러웠으나 완전히 망한 건 아니었다. 시험 치르던 날보다 더 떨리는 마음으로 어느 대학에 지원해야 할지 고민하기 시작했다. 나는 사범대학 수학과를 가고 싶었다. 중학교 때부터 수학이 좋았고 수학교사가 되는 것이 꿈이었다. 고등학교 가서 수학 성적이 좀 떨어지긴 했어도 여전히 재미있었다. 고등학교 수학 시간에 대답을 참 잘했다. 그때 수학 선생님이 지어 주신 별명이 '남대답'이었다. '이 실력으로 대학교에서 수업을 따라갈 수 있을까?' 하는 불안한 마음이 들었다. 그러나 일단 합격만 하면 겨울방학에 부족한 부분을 보충한다는 나름의 계획도 세웠다.

"OO대학교 수학과에 지원할 거예요."

"사범대면 몰라도 일반 수학과는 안 된다."라고 아버지가 말씀하셨다.

"거기 사범대예요."

"그래, 잘했다. 지원해라."

아버지는 이미 큰딸이 살아갈 방향을 정해놓으셨나 보다. 내 인생을 송두리째 바꿔놓을 그 사건이 있기 전까지는 그것이 그리 큰 문제가 될지 몰랐다. 담임 선생님과 면담을 했다. 지원하고 싶은 곳을 말씀드리니 괜찮겠다고 하셨다. 기분 좋게 지원서를 썼다. 그해 논술시험이 처음으로 시행되었다. 기출문제가 없으니 어떻게 준비해야 할지 알 수 없었다. 나는 학원에 다닐만한 형편이 못되어 별다른 준비 없이 논술시험을 봤다. 석탄과 관련된 자원 활용에 관한 문제였던 것 같다. 초등학교 때부터 일기를 꾸준히 써왔기에 글 쓰는 것에 두려움이나 어려움은 없었다. 정해진 시간보다 빨리 썼다. 학력고사 성적으로 내가 지원한 곳에 충분히 갈 수 있다고 담임 선생님이 말씀하셨고 논술도 잘 썼다고 자부했기에 편한 마음으로 합격발표를 기다렸다.

드디어 합격자 발표 날이 되었다. 사촌오빠와 함께 포부도 당당하게 지원한 대학교로 향했다. 아뿔싸! 눈을 씻고 찾아보아도 내 이름이 없었다. 믿을 수 없었다. 절대로 일어나서는 안 되는 일이 일어난 것이다. 내 몸이 땅속으로 꺼지는 것 같았다. 머릿속이 하얘졌다. 사촌오빠도 믿을 수 없다는 표정이었다. 이런 결과는 생각해 본 적이 없었다. 아무 생각도 나지 않았다. 단지 '불합격'이란 말만 머릿속에서 맴돌았다. 어떻게 집에 왔는지 기억나지 않는다. 그저 '불합격'이라는 단어를 안고 걷고 또 걸었다. 부모님도 크게 실망하셨다. 불합격 사실을 알고 난 후 '재수는 안 해'라는 생각이 제일 먼저 떠올랐다. 그 지옥 같은 시간을 1년 더 겪어야 한다고 생각하니 끔찍했다. 재수를 안 하려면 후기대나 전문대에 지원해야 했다.

자존심이 좀 상하지만 후기대까지는 생각하고 있었다. 그런데 부모님으로부터 청천벽력 같은 말을 들었다.

"너 밑으로 동생이 둘이나 있다. 우리 형편에 후기대는 안 된다."

아버지는 단호하게 말씀하셨다. 예상하지 못했던 일이지만 우리 집 형편을 잘 알기에 한마디의 대꾸도 할 수 없었다. 대학을 못 가는 것이 실감 나지 않았다. 나보다 성적이 훨씬 안좋은 아이들도 다 가는데……. 가슴에 구멍이 뻥 뚫린 것 같았다. 후기대와 전문대 원서 마감하는 날은 집에서 나갔다. 담임 선생님이 원서 쓰라고 전화하실 것 같았다. 어차피 나는 원서를 쓸 수 없고, 우리 집안 사정을 구구절절 설명하는 것도 싫었다. 집이 가난하다는 것이 자존심 상하고 창피하기도 했다. 원서 마감일을 넘기고 학교에 갔다. 담임 선생님이 부르셨다. "웬만한 후기대는 갈 수 있고, 전문대는 어디라도 갈 수 있는데 왜 전화도 안 받고 원서 안 썼니?" 나는 말없이 고개를 떨궜다. 우리 학교는 인문계고등학교였는데, 2학년부터는 실업계 학과를 공부하는 한 개의 반이 있었다. 인문계열을 공부하는 우리가 입시 준비 막바지여서 정신없을 때, 실업반은 대부분이 취업하여 등교하지 않았다. '이렇게 될 바에는 차라리 나도 실업반을 지원하는 게 더 좋았겠다.'라는 생각마저 들었다.

그렇게 인생에서 처음으로 쓴잔을 마셨다. 나는 왜 그렇게 쉽게 대학 입학을 포기했을까? 가만히 돌이켜보니 대학을 꼭 가야만 하는 간절한 이유가 없었다. 인문계고등학교를 졸업한 후 대학교에 간다는, 세상이 만들어 놓은 그 길을 나도 당연히 가야 한다고 생각했다. 수학 교사가 되면 좋지만, 아니어도 크게 속상하지 않았다. 간절한 꿈이 아니라 막연한 동경에 지나지 않았다. 대학 입학은 내가 정한 목표가 아니었다. 세상이 만들어 놓은 길이었다. 앞에 가는 자기 종족을 무작정 따라가는 레밍 쥐와 같았다. 누군가 만들어 놓은 길이 아니라, 나만의 길을 개척해야 한다는 걸 아무도 가르쳐주지 않았다. 내 인생의 주인공은 언제나 '나'여야 한다는 걸 그때는 미처 알지 못했다.

내가 원하는 것이 있다면 수동적으로 그것이 이루어지기를 기다릴 것이 아니라, 능동적으로 스스로 만들어야 한다.

내 자유의지로 내가 원하는 곳으로 가기 위한 노력, 그것이 온전한 나의 인생이다. 성공하면 좋겠지만 실패했더라도 계획을 수정하고 다시 도전하면 그만이다. 하지만 그때는 이런 의미를 알 길이 없었다.

읽고, 읽고 또 읽고

대학에 가고 싶다는 생각이 들면서 문제가 생겼다.

우리 반은 대학 합격자보다 불합격자가 더 많다는 소문이 있었다. 담임 선생님이 합격 커트라인을 잘못 잡아줘서 그렇다는 말도 있었다. 우리 학교는 이과 계열이 두 개 반이었는데 옆 반과 비교해도 합격자의 차이가 크다는 말도 얼핏 들었다. 드러내어 말은 못 하고 여기저기서 수군거리는 것을 조금씩 주워들었다. 대입 실패에 대한 자괴감과 부모님께 죄송한 마음이 컸는데 변명거리가 생겼다. 소문이 사실인지 아닌지는 상관없이 마음이 좀 편해졌다. 나만 떨어진 것이 아니라서 더 크게 위안이 된 것도 사실이다. 대입에 실패한 아이들이 극소수였다면 난 더 견디기 힘들었을 것이다. 전문대에 가느니 아예 고졸로 있는 게 낫다는 것이 나의 생각이었다. 자연스럽게 대학 진학은 포기했다. 크게 억울하지도 원통하지도 않았다.

학교에서 친하게 지내던 친구들은 모두 대학생이 되었다. 전기대에 합격한 친구도 있고 후기대나 전문대를 간 친구도 있었다. 이름도 처음 들어보는 대학에 입학했다는 말을 들었을 때는 '그 학교를 왜 가지?'라고 생각했다. 대학을 떨어진 주제에 눈만 높았다. 대학생이 아니어도 마음은 위축되지 않았다. 그냥 덤덤했다. 친구들이 대학생이 되어 공부하고 있을 시간에 나는 사회인이 되어 돈을 벌었다. 고등학교를 졸업하자마자 아버지가 운영하시는 작은 가게에서 일했다. 그것을 부모님은 당연하게 여겼다. 나 역시 순순히 받아들이고 부모님의 뜻을 따랐다. 다른 선택의 여지가 없었다. 내가 먼저 출근해서 청소하고 정리를 끝내면 아버지가 오셨다. 온종일 같이 일하다가 함께 퇴근했다. 복사하고 청사진을 굽고 타자 치는 것이 내가 하는 일이었다. 참 단순하고 지루한 업무였다. 내 적성과 전혀 맞지 않았다. 퇴근 후에도 자유시간은 없었다. 맞벌이하는 엄마를 대신해서 아버지 저녁을 챙겨드려야 했다. 대학에 떨어진 것보다, 이런 단순 반복적인 일상이 더 힘들었다.

십구 년 동안 살았던 세상과 완전히 다른 세상에서 매일 고군분투했다. 일이 어느 정도 익숙해지니 내가 하는 일에 점점 짜증이 났다. 정말 싫었지만 달리 방법이 없었다. 기계처럼 집과 가게를 오갔다. 이즈음에 나도 대학에 가고 싶다는 생각이 슬며시 고개를 들었으나 내색할 수 없었다. 어떠한 다른 의견이 있어서는 안 되는 집안 분위기였다. 내가 아버지 가게에서 일하는 건 너무나 당연한 일이었다. 부모님과 나 사이에 암묵적으로 계약을 맺은 것처럼 되어 있었다. 나는 지금도, 그때 내가 왜 그랬는지 이해할 수 없다. 왜 그렇게 기계처럼 시키는 대로 했는지 모르겠다.

친구들은 대학교 생활에 적응하느라 바쁘고, 나는 나대로 일을 배우느라 바빴다. 고등학교 졸업 후에 각자 자신의 상황에 적응하느라 친구들과 연락할 수 없었다. 처음에는 대학에 다니는 친구들이 부럽지 않았기에 괜찮았다. 대학에 가고 싶다는 생각이 들면서 문제가 생겼다. 나 혼자 대학생이 아니라는 사실에 자존심이 상했다. 주눅 들기 시작했다. 열등감에 빠져 그때부터 의식적으로 친구들을 멀리했다. 독학으로 재수에 도전해 보려고 했다. 일하면서 혼자 입시 공부를 한다는 건 거의 불가능했다. 일하기가 더 하기 싫어졌다. 나중에는 자포자기의 심정으로 일했다. 퇴근 후에라도 자유시간이 있었다면 덜 힘들었을지도 모르겠다.

친구들과 연락을 끊고 2년쯤 지내던 어느 날 절친 I가 우리 집으로 찾아왔다. 대문 밖에서 "은주야~" 하고 부르는 소리가 났다. '어? I 목소리다. 어쩌지? 없는 척할까? 보고 싶기도 한데…' 그 짧은 순간에 여러가지 생각이 들었다. 반가우면서도 피하고 싶고, 피하고 싶으면서도 보고 싶은 마음이었다. 집까지 찾아온 친구를 그냥 돌려보낼 수 없어서 맞아들였다. 우리는 그동안 나누지 못했던 서로의 근황에 대해 이런저런 얘기를 나눴다. 오랜만에 친구를 만나 얘기하는 시간이 그리 좋지만은 않았다. 친구는 아무 사심 없이 왔는데 못난 나는 혼자 자격지심이 생겨 마음이 편치 않았다. 대학생이 된 친구 앞에서 자꾸만 작아지고 있었다. 순전히 나 혼자만의 열등감으로 못나게 굴었다.

친구와 헤어진 후 나 자신이 더 싫어졌다. '언제까지 이런 못난 모습으로 있을래? 대학 못 간 게 뭐 큰 잘못은 아니잖아. 시험도 운이 따라야 한다잖아. 공부 열심히 안 한 나도 잘못이지만 나보다 더 못한 성적으로도 대학 가잖아. 우리 집은 왜 이렇게 가난해? 동생들이 없었으면 대학에 갈 수 있었을까?' 이런저런 생각을 하다가 정신이 번쩍 들었다. 친구들과 대등한 관계가 되고 싶었다. 대학생인 친구들과 같은 수준으로 나를 업그레이드해야겠다고 다짐했다. '내가 할 수 있는 게 뭘까?'를 생각하고 또 생각했다. 부모님의 도움으로 재수하는 건 엄두도 못 내고 독학은 불가능에 가까웠다. 대학을 가지 않으면서 나를 성장시킬 방법을 찾아야 했다.

고민 끝에 책과 신문을 읽기로 했다. 자기계발에 문외한이던 그때 독서를 선택한 것이 지금 생각해도 기특하다. 그때부터 소설, 시집, 에세이 장르를 섭렵했다. 신문도 구독했다. 기사보다는 사설과 칼럼을 많이 읽었다. 그러면서도 이따금 I의 성숙한 모습에 기가 눌리고 위축되었다. 그때 친구에게서 풍기는 성숙이 대학생이기 때문이라고 생각했는데 아니었다. I는 어려서부터 책을 많이 읽었다. 독서로 쌓은 내공이 성인이 되어 겉으로 드러난 것을 삼십 년이나 지난 후에야 알았다. 친구들에게 뒤지지 않기 위해 읽고, 읽고 또 읽었다. 책을 읽을수록 내 안에 알 수 없는 힘이 생겼다. 열등감이 시나브로 사라지고 친구들 앞에서 점점 당당해졌다. 대학생 친구들을 부러워하며 위축되었던 부정적 감정도 사라졌다. 이후로 책은 필수품이 되어 어디든지 나와 동행했다. 책을 읽을수록 자신감이 생기고 자존감이 높아졌다.

대학생이 된 친구들에게 뒤지지 않기 위해 책을 읽었는데 결과적으로 나에게 큰 도움이 되었다. 나의 내면이 크게 성장한 것이다. 대학입시 낙방이라는 인생 최대의 위기가 전화위복이 되었다. 당시에는 알지 못했지만, 독서를 하겠다는 결단은 최고의 선택이었다.

사방이 막혀 빠져나갈 출구가 보이지 않을지라도 포기해서는 안 된다. 그 순간 할 수 있는 것을 하다 보면 그것이 돌파구가 되어 앞으로 나아갈 수 있다. 역경 가운데 있을 때 문제에 집중하는 것이 아니라, 내가 할 수 있는 것이 무엇인지 고민해야 한다. 큰 덩어리로 보면 도저히 깨질 것 같지 않은 바위도 작은 물방울 때문에 부서진다. 너무 작아 이걸로 뭘 하겠어? 하는 그 일이 전화위복의 불씨가 된다.

배움의 발견

"그렇게까지 해야겠냐?
그렇게 네 맘대로 하려면 집을 나가라."

 대입 시험에 실패하고 나니 무엇을 해야 하는 지 몰라 방황했다. 허탈했다. 아침편지로 유명한 고도원의 『꿈 너머 꿈』에 이런 내용이 있다. '의사가 되는 것이 꿈인 학생이 열심히 공부해서 의사가 되었다. 꿈을 이뤘지만 방황하게 된다. 의사 자격을 취득한 후에 어떤 의사가 되고 싶은지, 꿈 너머 꿈이 없었기 때문이다.'

초등학교부터 고등학교까지 12년 동안 대학 입학이 나의 유일한 목표였다. 수학 교사가 되고 싶었지만, 그보다 대학 입학이 더 중요했다. 그저 막연하게 대학을 간다면 수학 교사가 되면 좋겠다는 희망 사항이 있을 뿐 그게 인생의 목표는 아니었다. 설령 수학교사가 되있다 하너라도 그 이후의 꿈은 없었다. 교사가 된 이후의 꿈 즉, 꿈 너머의 꿈이 있었다면 그렇게 쉽게 포기하지 않았을지도 모르겠다.

꿈이 사라지고 방황하던 중 눈에 확 들어오는 신문 광고가 있었다. 편집디자인과 그래픽디자인 학생을 모집하는 디자인 학원의 광고였다. 무엇보다 수강료가 무료였다. 디자인을 접해본 적이 한 번도 없었는데 무료로 배울 수 있다는 문구가 내 마음에 혹 들어왔다. 디자이너란 직업이 멋져 보이기도 했다. 배우고 싶었다. 퇴근 후에 아버지의 저녁상을 봐드려야 하니 허락이 필요했다.

"아빠, 저 이거 배우고 싶어요. 무료로 가르쳐 준다는데 퇴근 후에 학원에 가도 돼요?"
"그래, 뭐가 되었든지 네가 하고 싶은 걸 해라."

아마 아버지도 내가 대학에 가지 못한 걸 안타깝게 생각하고 미안한 마음이 있지 않았을까 싶다. 허락받은 그날, 퇴근 후에 바로 학원으로 달려가서 수강 신청을 했다. 준비물이 적힌 안내문과 광고 관련 분야의 자격증 취득에 필요한 책을 몇 권 받았다. 문구 도매상에서 와트만지 스케치북과 4B 연필, 잠자리가 그려있는 미술용 지우개인 톰보우 지우개를 샀다. 전 과정을 수료한 후에 어떤 일을 하는지도 모르면서 디자이너가 된다는 기대감으로 가슴이 콩닥거렸다. 새로운 도전에 대한 두려운 마음과 설레는 마음이 동시에 있었다.

　당시에는 모든 것을 수작업으로 했다. 첫 시간에 4B 연필로, 선 그리기를 연습했다. 가로, 세로로 직선을 그리고 스프링 같은 곡선을 연습한 후에 간단한 사물을 드로잉했다. 가장 먼저 공을 그렸다. 다음으로 커터 칼을 그렸는데 잘 그렸다고 칭찬받았다. 갑자기 대단한 화가라도 된 듯 우쭐하며 어깨가 쓱 올라갔다. 두루마리 휴지를 몇 칸 잘라서 그리는 숙제가 있었다. 이번에는 두루마리 휴지가 아니라 밀가루 반죽 같다는 평을 받았다. 때로는 칭찬받고, 때로는 핀잔도 받았지만, 모든 것이 그저 재미있었다. 무료라는 것에 혹해서 시작했는데 한 달이 지나니 정부 정책이 바뀌어서 수강료를 내야 한다고 했다. 약간 빈정상했지만, 이미 발을 뺄 수 없을 정도로 편집디자인에 푹 빠져 있었다.

　수강료를 내면서 주경야독으로 일 년 동안 다녔다. 그림을 그리는 것 자체가 재미있었고, 서툴지만 콘텐츠를 완성할 때마다 성취감이 컸다. 강사님이 과제를 주시면 듣는 즉시 어떻게 할지 아이디어가 떠올랐기 때문에 다른 사람보다 빠르게 완성할 수 있었다. 편집디자인에 푹 빠져서 밤새워 과제물을 완성하기도 했다. 그림 도구를 사기 위해 남대문에 있는 아톰 문구와 이름은 기억나지 않지만, 동인천에 있는 대형 문구점에 다니는 것이 큰 즐거움이었다. 수업에 도움이 되는 카탈로그와 샘플을 모으기 위해 백화점마다 돌아다녔다.

그렇게 의욕 넘치는 일 년을 보낸 후 학원에서도 실력을 인정받았다. 전 과정을 마치고 취업 준비를 하던 중, 당시 인천에서 제일 큰 광고회사에 면접을 보라는 강사님의 전화를 받았다. 나는 뛸 듯이 기뻤고 날아갈 것 같았다. 드디어 내 앞날에도 쨍하고 해 뜰 날이 오는 것 같았다. 그날 낮에 아버지에게 면접 보러 가겠다고 말씀드렸다. 당연히 같이 기뻐해 주실 줄 알았는데 취업을 반대하셨다. 강사님께 면접 본다고 이미 약속했기 때문에 취소할 수 없다고 우겼더니 그렇게 하고 싶으면 해보라고 허락해 주셨다.

새벽까지 분주하게 포트폴리오를 준비했다. 아침에 집을 나서기 전 주무시는 아버지를 깨워 다녀오겠다고 인사했는데 "그렇게까지 해야겠냐? 그렇게 네 맘대로 하려면 집을 나가라"라고 하시며 또다시 면접을 못 보게 하셨다. 엄마까지 나서서 아버지를 말렸지만 소용없었다. "너 하고 싶은 것 해라"라고 먼저 말씀하셨고 내가 얼마나 열심히 했는지 옆에서 지켜보신 아버지가 반대하는 것을 이해할 수 없었다. 대학에 가지 못한 상처가 아직 아물지도 않았는데, 또 다른 미래마저도 사라지는 것 같아 미칠 것 같았다. 내가 꿈꾸던 일들이 모두 좌절되었다. 나의 인생도 짓밟힌 기분이 들었다.

그 일로 아버지를 미워하기 시작했다. 넘을 수 없는 높은 벽이 내 앞을 가로막는 것 같아서 상실감이 컸다. 숨을 쉬는 것조차 힘겨웠다. 사는 게 지옥 같았다. 음식물을 삼키기도 힘들었다. 억지로 삼켜도 소화가 안 되어 며칠 죽을 먹었다. 소화불량은 갈수록 심해지고 속이 쓰려 참을 수 없는 지경이 되었다. 병원에서는 신경성 위장염이라고 했다. 두 달간 병원에 다니며 원장님의 권유로 수영을 배우기도 했지만, 울분이 가라앉지 않았다. 무엇으로도 아버지에 대한 미움이 사라지지 않았다. 미약하게 가지고 있던 자존감마저 나락으로 떨어졌다. 무기력하게 또다시 아버지 밑에서 일해야 했다.

면접 반대 사건 이후로 모든 게 더 나빠졌다. 일이 풀리지 않을 때마다 모든 문제를 아버지 탓으로 돌리고 원망하기 시작했다. '그때 나를 놓아주었더라면 다른 삶을 살 수 있지 않았을까?' 나는 가보지 않은 그 길을 늘 동경했다. 내가 걸어온 길보다 더 나았을 거라는 생각에 이십 년 동안 아버지를 미워하는 마음을 키우며 살았다.

　지나온 삶에서 후회되는 것 중 해본 것에 대한 후회는 얼마 되지 않는다. 대부분은 내가 해보지 못한 일들에 대한 후회였다. 나는 지금도 사람들에게, 하고 싶은 것이 있으면 일단 해보라고 말한다.

　지금 돌아보면 그때는 나도 너무 어렸다. 미워하는 마음만 가득 차서 너무 모질게 했던 내 모습에 아버지께 미안해진다. 내가 받은 상처가 너무 깊어서 아버지의 마음을 헤아릴 경황이 없었다. 아니 그 마음이 어떨지 생각조차 하지 못했다. 아버지가 원하는 대로 했으니 아버지가 상처받았다고 상상할 수 없었다. 그 일로 내가 온 힘을 다해 끊임없이 아버지를 미워하는 모습을 보면서 얼마나 상처받으셨을지 가늠하기 어렵다. 아버지도 나와 같은 무게로 상처받지 않았을까? 언제나 내 생각을 존중해주는 분이었는데 그때는 왜 그랬는지 도무지 이해할 수 없다. 시간을 되돌릴 수 있다면 나는 다른 선택을 할 수 있었을까? 그렇다고 장담할 수는 없다. 지나간 시간은 잃어버린 지갑과 같다. 모든 걸 새로 만들어야 한다. 아무리 후회해도 돌이킬 방법은 없다. 이십 대, 나의 삶을 살고 싶었지만, 삶은 나의 소망과는 다르게 흘러갔다.

아버지가 돌아가실 때까지 그 미움은 누그러지지 않았다. 내가 원하는 삶을 살지 못한 모든 책임이, 과연 아버지에게만 있는 것일까? 아니다. 나의 실수를 인정하지 않아도 되는 좋은 핑계에 지나지 않았다. 환경이 중요하지만, 그것에 반응하는 것은 나의 몫이다. 안 좋은 일은 모두 아버지 탓이라고 우기며, 그 뒤로 숨기에 급급한 내 모습을 보았다. 자식이 잘되기를 바라는 것이 모든 부모의 마음일 것이다. 나보다 내 자녀가 더 예쁘기를, 나보다 더 인정받는 사람이기를, 나보다 더 나은 삶을 살아가기를 원한다.

'타라 웨스트오버'의 자서전적 에세이 『배움의 발견』에서 묘사한 그녀의 아버지는 완고하고 융통성이 없으며 가족에게 독불장군이다. 자신이 다 옳다고 생각하며 가족들에게도 그 생각을 강제로 주입 시키는 독재자였다. 그런 주인공의 아버지가 자녀들이 선택한 길이, 본인의 생각과 다른데도 불구하고 묵묵히 보내준다. 타라의 아버지도 자식을 위해 그의 욕심을 양보했다. 그 모습을 보면서 아버지를 조금은 이해할 수 있을 것 같다. 면접 보는 걸 반대하신 이유를 나는 아식도 모른다. 다만 내가 잘못되기를 바란 것이 아니라는 것만은 확신한다. 서로에게 씻을 수 없는 깊은 상처를 남긴 사건이지만, 우리 아버지도 나보다 더 나를 생각했을 거라고 짐작할 뿐이다. 당시에 그 선택이 아버지에게는 최선이었을 것으로 추측해본다.

　정확한 이유를 물어봐도 지금은 답을 들을 수 없다. 다만 가까이 다가오지 못하고 내 등 뒤에서 고목 나무처럼 서서 나보다 더 마음 아파하고 눈물 흘리셨을 아버지가 보일 뿐이다. 내 아이를 키우며 아버지의 애달픈 그 마음이 느껴진다. 용서라는 말이 맞을지 모르겠지만, 뒤늦게라도 이제 그렇게 놓아드리고 싶다. 이유를 몰라도 상관없다. 아버지가 세상 누구보다 더 나를 사랑하고 아꼈다는 것이 중요하다. 먼 길을 돌아왔지만, 아버지, 나도 아버지를 사랑합니다. 좀 더 일찍 용서하지 못하고 평생 마음 아프게 해서 죄송합니다.

나랑 결혼할래요?

"나는 부자가 아니라서
손에 물 한 방울 안 묻히게 해주겠다는 말은 못 해요.
그러나 정신적으로는 힘들지 않게 해줄게요.
나랑 결혼할래요?"

햇살이 따스한 어느 봄날 거래처 여직원 K가 저녁을 같이 먹자고 했다. 함께 식사할 정도로 친한 사이가 아니었지만, 거절 못 하는 내 성격 탓에 그러자고 했다. 약속하고 나니 걱정이 태산이었다. '분명히 어색할 텐데 어쩌지? 이런 바보, 거절했어야지. 바보, 바보…….' 취소할 수도 없고 몹시 초조한 가운데 약속 시간이 코앞에 닥쳤다. 부랴부랴 주변을 정리하고 약속 장소로 향했다. 그녀가 먼저 와서 기다리고 있었다. 어색하게 인사를 나누고 식사를 주문했다. 주문한 음식을 기다리는 동안 가벼운 이야기를 나누었다. 그녀는 사교성이 아주 뛰어났다. 부담스럽지 않은 주제로 대화를 잘 이끌었다. 스스로 말하기를 회사에서 별명이 여우라고 했다. 만나고 얼마 지나지 않아서 그녀의 친화력에 나는 무장해제가 되었다. 전부터 친하게 지내던 사이처럼 편하게 얘기를 나눌 수 있었다. 그녀가 불쑥 물었다.

"언니, 지금 사귀는 사람 있어요?"

"아니, 없어요. 갑자기 왜?"

"언니, 괜찮은 사람 있는데 만나볼래요?"

"생각 없어요."

"나이는 스물일곱이고, 혼자 자취하고 있어요. TV, 냉장고, 세탁기 뭐 이런 살림살이는 다 있어서 언니는 아무것도 준비 안 해도 돼요."

"그런 사람이면 금방 결혼해야 할 텐데, 난 아직 결혼할 생각 없어요."

"결혼 서두르지 않아도 돼요. 한 번 만나만 보세요."

"사실 사귀던 사람과 헤어졌는데 아직 마음의 정리가 안 됐어요. 지금은 누구도 만나고 싶지 않아요."

"아! 그럼, 언니 마음이 바뀌면 언제든지 얘기하세요."

"그럴게요."

그랬다. 나는 당시 지독한 실연의 아픔을 겪고 있었다. 그녀는 그날 이후로 잊을만하면 한 번씩 "언니, 아직 마음 안 변했어요?" 하고 물어왔다. 그때마다 내 대답은 "네"였다.

　육 개월쯤 지난 어느 날 "언니, 아직도?" 나는 고개를 끄덕였다. "언니, 그 사람이 우리 오빠라고 얘기했죠?" 나는 깜짝 놀랐다. 처음 듣는 말이었다. 그녀는 자신의 오빠라는 걸 알면서도 내가 매번 퇴짜 놓는다고 생각해 마음이 많이 상했다고 했다. 이번이 마지막이라 생각하고, 한 번 더 얘기한 것이었다. 미안한 마음에 그녀의 오빠와 만날 것을 약속했다. 썩 마음이 내키지 않았지만 그렇게 하는 것이 그녀에 대한 예의라고 생각했다. 그녀의 오빠가 먼저 만나자며 전화했다. 첫 약속은 급한 주문이 들어와서 취소되었다. 의도하지 않았지만 바람을 맞혔다. 두 번째 전화가 왔다. 친구와 선약이 있어서 다시 날짜를 미뤘다. 세 번째 통화를 하고서야 우리는 만날 수 있었다.

　K에 대한 미안함 때문에 만나는 것이라 기대하는 마음이 없었다. 까무잡잡하고 깡마른 몸매에 눈만 동그랗게 도드라져 보이는 남자가 나를 기다리고 있었다. 첫인상이 좋지 않았다. 더구나 말이 없는 사람이었다. 없어도 너무 없었다. 이럴 거면서 왜 만나자고 했는지 의심스러울 정도였다. 첫 만

남의 어색한 침묵을 견디기 힘들었다. 무슨 말을 어떻게 했는지 모르게 쉴 새 없이 나 혼자 떠들었다. 그 남자는 미간을 모으고 살짝 인상을 쓰며 내 이야기에 집중했다. 데이트 아닌 데이트를 마치고 집에 돌아오니 녹초가 되었다. 기가 다 빨려 멍했다. 두 번째 만남도 처음과 같았다. 이건 아니다 싶었다. 세 번째 만나는 날도 말이 없으면 그만 만나야겠다고 생각했다. 편치 않은 마음으로 그와 마주 앉았다.

"지난번까지 은주 씨 얘기 들었으니 이제부터는 내가 얘기할게요. 내 얘기 들어주세요."

"……."

그는 원래 말이 많은 남자였다. 내가 어떤 사람인지 보려고 말없이 내 얘기를 듣고만 있었다고 했다. 그 남자는 두 번이나 만남이 성사되지 않아서 자존심이 상했지만, 여동생 때문에 '한 번만 더 참아보자.'하는 마음으로 세 번째 전화를 했단다. 나 역시 세 번째도 말이 없으면 그만 만나야겠다고 생각했으니 우리의 만남이 운명 같았다. 우리는 일주일에 한 번씩 만났다. 우리 집은 서울이지만 아버지 가게가 인천이라 퇴근 후에 만나도 되었을 텐데 우리는 주말에만 만났다. 그는 집과 직장이 인천에 있었다. 데이트할 때는 항상 나를 데리러 우리 집으로 왔다가 다시 인천으로 갔다. 차도 없이 전철을 타고 다녔는데도 그렇게 했다. 세심하게 이것저것 챙겨주는 것이 마음에 들었다. 무뚝뚝한 우리 집과 달리 그의 가족은 다정다감하고 정이 많아 보였다.

만난 지 네 달쯤 되었을 때 저녁을 먹고 호프집에 갔다. 그가 조금 긴장된 표정으로 프러포즈를 했다. "나는 부자가 아니라서 손에 물 한 방울 안 묻히게 해주겠다는 말은 못 해요. 그러나 정신적으로는 힘들지 않게 해줄게요. 나랑 결혼할래요?" 나는 해서는 안 될 대답을 했다. "네." 마음에도 없는 대답이었다. '내가 거절하면 저 사람이 얼마나 민망할까?' 하는 말도 안 되는 오지랖으로 거절하지 못했다. 처음보다는 많이 좋아졌다. 그러나 결혼 상대로 생각하지는 않았다.
"오빠, 만나는 언니 마음에 들면 빨리 프러포즈해. 언니도 지금까지 만나는 거 보니까 오빠가 싫은 건 아닌 것 같아. 여자들은 좋아하는 남자가 뭉그적대고 있으면 자기를 싫어한다고 오해하거든." 이렇게 여동생들이 조언했고 그는 행동으로 옮겼다. 나는 그런 줄도 모르고 마음에도 없는 대답을 했던 것이다.

결혼하겠다고 답을 하고 나니 모든 게 일사천리로 이루어졌다. 양가에 인사드리고 부모님을 모시고 상견례를 했다. 그 자리에서 바로 결혼 날짜까지 잡았다. 시냇물에 떨어진 나뭇잎이 물결 따라 흔들리듯 상황이 흘러가는 대로 따랐다. 결혼 날을 잡아도 달라진 건 없었다. 여전히 일주일에 한 번씩 만났다. 중간에 통화하는 일도 없었다. 문제는 그를 보고 싶은 마음이 없다는 데 있었다. '이런 마음으로 결혼해도 되나? 남들도 이런 마음으로 결혼할까?' 불안하고 초조해졌다. 연애하는 친구에게 물었다.

"사랑이 뭐니?"
"아니 그걸 왜 나한테 물어? 네가 더 잘 알잖아."

할 말이 없었다. 결혼을 앞둔 내가 할 말은 아니었다. 친구 중 내가 제일 먼저 결혼하기에 주변에 물어볼 사람도 없었다. 결혼 두 달을 앞두고 결혼 준비 때문에 우리는 자주 만났다. 그제야 비로소 그가 보고 싶어지기 시작했다. 그가 점점 좋아졌다. 나는 기뻤다. 그게 사랑인 줄 알았다. 생일이며 기념일을 잘 챙겨주는 세심함이 무엇보다 맘에 들었다. 이 남자와 결혼해도 되겠다고 생각한 가장 큰 이유였다.

우리는 결혼했고, 결혼은 환상이 아니라 현실이었다. 내가 생각한 것과 너무나 달랐다. 결혼하면서 남편은 변했다. 결혼 전의 상냥함은 온데간데없이 사라졌다. 자기밖에 모르는 이기적인 사람이 되었다.

"여동생이랑 엄마가 결혼하려면 세심하게 잘 챙겨야 한다고 해서 그렇게 하느라 나 너무 힘들었어. 결혼했는데 내가 왜 그 힘든 걸 계속 해야 해?"

아! 심장이 덜컥 내려앉았다. 남편은 나를 전혀 배려하지 않았다. 결혼 생활은 평탄하지 않았다. 날마다 전쟁이었다.

'그때 그 감정으로 왜 결혼했을까?' 남자를 몰랐고 결혼에 대해 무지했다. 고등학교 졸업 후에 집과 가게만을 오갔으니 진정한 사회 경험은 없었다. 출근해서도 작은 가게지만 사장 딸이라고 하니, 누구도 함부로 대하지 않았다. 아버지 그늘에서 온실 속의 화초요, 우물 안 개구리로 살았다. 내 세계 안에서는 모든 것이 순조로웠다. 굳이 내 의견을 주장하지 않아도 되었다. 누구를 의심할 필요도 없었다. 보이는 것이 전부라고 생각했다. 나의 주권을 맡겨도 내게 해를 가하는 사람이 없었다. 모두가 호의적으로 대해주었다. 나는 남편을 믿었고 내 주권을 그에게 맡겼다. 그것이 내 불행한 결혼생활의 가장 큰 원인이었다. 누가 되었든 타인은 내 인생의 주인이 될 수 없다는 것을 몰랐다. 생각하지 않으면 사는 대로 생각하게 된다. 언제 어느 때라도 내가 주인공인 삶을 살아야 한다. 내가 놓친 그 삶은 언젠가 나를 옥죄어 오는 사슬이 될 수 있다.

꿈을 이루다

준비된 자만이 우연히 찾아온 기회를
내 것으로 만들 수 있다.

아버지의 반대로 편집디자인 배운 것을 한 번 써보지도 못하고 결혼했다. 결혼 후 바로 아이가 생겨 취업은 더 멀어졌다. 이런 어려움 속에서도 나는 편집디자이너의 꿈을 놓지 않았다. 디자인 학원에 같이 다니며 친하게 지내던 동생 C가 그쪽 분야에서 일하고 있어서 더 그랬다. 편집디자인 책을 사서 혼자 연습했다. 아이가 먹고 버린 과자 봉지에 쓰인 과자 이름을 오려서 레터링을 연습했다. 잡지의 그림을 오려서 여기저기 붙이며 전단지를 만들어 보기도 했다. 이렇게 만든 결과물을 모아서 나만의 포트폴리오를 만들어 두었다. 기회가 되면 언제든지 면접을 보기 위해서였다.

나름대로 열심히 노하우를 쌓아가고 있던 어느 날 C가 전화를 했다. "언니, 우리 사장님이 나보고 컴퓨터학원 다니래. 매킨토시 컴퓨터를 사주신대. 우리 회사도 이제 컴퓨터로 책 만든대." 내가 혼자 사부작거리며 연습하는 중에 시대가 변해 수작업에서 컴퓨터 디자인으로 넘어갔다. 그동안 연습했던 것이 무용지물이 되었다. 하늘이 무너지는 것 같았다. 그동안 투자한 시간과 돈이 아까웠다. 그뿐 아니라 내 노력이 물거품 되어버려 마음이 무너져 내렸다.

그렇게 좌절하고 포기하기엔 편집디자인을 향한 나의 열망이 너무나 컸다. 매킨토시를 배우기로 하고 당장 컴퓨터 학원에 등록했다. 매킨토시에서 사용하는 편집 프로그램인 '퀵'을 배웠다. 매킨토시로 처음 컴퓨터를 접했다. 컴퓨터란 기계는 만만한 대상이 아니었다. 저장한 파일이 어디 있는지 찾지 못하고, 새로운 '서류 파일' 하나 만드는 것도 어려웠다. 학원에서 배우는 것만으로는 도저히 따라갈 수가 없었다. 매킨토시 OS와 퀵을 배울 수 있는 책을 샀다. 하지만 집에 컴퓨터가 없으니 진도가 나가지 않았다. 큰돈을 들여 매킨토시 컴퓨터를 샀다. 언제 취업할지, 취업할 수나 있을지도 알 수 없는 상황에서 컴퓨터를 먼저 산 것이다. 나 같은 쫄보가 어디서 그런 용기가 났는지 모르겠다. 이루고자 하는 간절함이 있으면 없던 용기도 생기나 보다.

아들을 어린이집에 보내고 혼자 있는 시간 대부분을 컴퓨터와 씨름하며 보냈다. 쿽을 배우고 일러스트, 포토샵을 배우며 편집디자이너의 꿈을 이루기 위해 열심히 준비했다. C가 다니는 회사가 바쁠 때는 간단한 워드나 일러스트로 지도 그리는 아르바이트를 하며 간간이 실무를 접하기도 했다. 언제 기회가 올지 모르지만 조금씩 준비하고 있었다. 지루한 기다림의 연속이었다. 컴퓨터까지 배우고 나니 취업하고 싶은 마음은 더욱 간절했다.

취업도 못 했는데 IMF사태가 발생했다. 이때 남편이 하던 일을 접으면서 빈털터리가 되었다. 남편이 퇴사한 후, 계획했던 일이 모두 어긋나고 생각하지 못한 어려움이 눈앞에 닥쳤다. 남편은 소규모 회사에 취업했지만, 월급은 생활비에 턱없이 부족했다. 아들의 어린이집 원비마저 밀리기 일쑤였다. 가진 것이 없기에 담보대출을 받을 수도 없었다.

어쩔 수 없이 보험을 하나씩 해약했다. 그래도 부족한 생활비는 현금서비스를 받아서 충당했다. 빚이 늘어가니 불안했다. 회사마다 긴축재정에 들어가서 인력을 줄이는 마당에 전문적인 기술도 없고 내놓을만한 경력도 없는 내가 취업하는 것은 하늘의 별 따기보다 어려웠다. 더구나 아이가 어려서 '파트타임'으로 일해야만 했다. 벼룩시장을 펼쳐놓고 여기저기 문을 두드려 보아도 소득이 없었다. 그림 그리는 것을 좋아했기에 그림 색칠해주는 부업을 신청했다. 구슬을 꿰어서 인테리어 소품 만드는 부업도 했었다. 둘 다 소득 없이 가입비만 날렸다. 영업은 자신이 없어서 아이들 학습지 배달하는 쪽을 알아보았다. 그러나 영업을 겸하지 않으면 할 수 없는 일이었다. 이름만 들어도 누구나 알고 있는 대기업에서 배달사원 모집 공고하는 것을 보았다. 영업하지 않아도 된다고 하여 면접을 보러 갔는데 사실과 달랐다. 영업하지 않아도 된다고 한 것은 미끼였다. 잔뜩 풀이 죽어 집으로 돌아왔다. 미래를 생각하면 한숨만 나왔다. 어떻게 해야 할지 몰라 안절부절못하며 지내던 어느 날 C로부터 한 통의 전화를 받았다.

"언니, 취직할래? 우리 회사랑 같은 일 하는 곳이야. 그 회사 여직원이 퇴사한다고 사람 구해달라는데, 언니 얘기해볼까?"

"응, 당연히 해야지. 잘 말해줘."

지역광고 책자 만드는 회사에서 구인 모집 한다는 것이었다. 드디어 꿈에 그리던 디자이너의 꿈이 코앞까지 왔다. 전화를 끊고 나서도 한참 동안 흥분이 가라앉지 않았다. 취업이 확정된 것도 아닌데, 이미 마음은 그 회사에서 일하고 있었다. 컴퓨터 앞에 앉아서 원고를 보며 시안 작업을 하는 멋진 커리어 우먼이 그려졌다.

 일주일 후 나는 상상이 아니라 실제로 디자이너가 되었다. 취업한 회사는 일 년에 세 권의 책자를 발행했다. 3월에 인천지역, 6월에 검단과 김포지역, 10월에는 인천과 경기지역 업체들의 광고를 실어주었다. 그중 6월에 발행되는 책이 가장 얇고 난이도가 낮았다. 그 책 편집하는 과정을 인수·인계받아 해보니 책이 얇아서인지 생각보다 어렵지 않았다. 다음은 인천과 경기지역 전체가 대상이다. 책 두께도 전보다 4배나 더 두꺼웠다. 회사에서 중요하게 생각하고 매출도 가장 큰 책이었다. 이 책을 발행하여 육 개월을 버틴다고 해도 과언이 아니었다. 지난번 책을 쉽게 발행한 탓에 이 책도 만만하게 보았던 것이 큰 실수였다. 책이 두꺼워지니 본문 편집하는 게 무척이나 까다로웠다. 예정보다 늦게 발행되었는데도 불구하고 오타가 너무 많았다. 발행된 책을 휘리릭 한 번 훑어보는데, 잘못된 부분이 눈에 쏙쏙 들어왔다. 전화번호가 틀리면 광고비를 받기 어렵다. 광고주가 손해배상을 청구하지 않는 것만도 다행이다.

책이 발행되고 2주 동안 집중적으로 수금을 했다. 예년에 비해 매출이 반토막 났다. 나는 몸 둘 바를 몰랐다. 쥐구멍에라도 들어가고 싶은 심정이었다. 한동안 풀이 죽어 지냈다. 회사에 엄청난 손해를 끼쳤기에 퇴사할 각오까지 하고 있었다. 그래도 다행히 사장님의 배려로 계속 일할 수 있었다. 신고식을 혹독하게 치른 후 정신을 바짝 차리고 일에 집중했다. 오타를 줄이기 위해 꼼꼼하게 교정을 보고 또 봤다. 오타가 하나도 없이 책을 발행했을 때의 기쁨과 자부심은 말할 수 없이 컸다. 편집디자이너로 인정받으며 즐겁게 일했다.

토스카니니는 이탈리아 출신으로 역사상 최고의 지휘자 중 한 사람이다. 그가 처음부터 지휘자를 꿈꾼 것은 아니다. 그는 첼로 연주자였다. 선천적으로 시력이 많이 안 좋았던 그는 보면대 위의 악보를 보고 연주할 수 없었다. 악보가 보이지 않아 도저히 따라갈 수 없었기에 연주하기 전에 미리 악보를 외웠다. 아무리 까다롭고 복잡한 악보라도 통째로 외워서 연주했다. 1986년 6월 30일, 토스카니니는 로시 오페라단의 첼리스트로 브라질 공연에 참여했다. 공연작은 베르

디의 '아이다'였다. 리허설 도중에 지휘자와 오케스트라 사이의 마찰로, 지휘자가 몸이 아프다며 퇴장해 버렸다.

갑작스러운 사태에 당황한 연주 단원들은 '아이다'의 악보를 다 외우고 있는 토스카니니를 지휘자로 추천했다. 애송이가 지휘 단상에 올라서자 관객들이 야유를 퍼부었다. 그러나 그는 아랑곳하지 않고 보면대 위의 악보를 덮고 공연을 시작했다. 공연이 끝났을 때 객석에서 우레와 같은 박수갈채가 쏟아졌다. 얼떨결에 대타 지휘를 맡았으나 실패로 끝날 뻔했던 공연을 성공리에 마쳤다. 평소 악보를 모두 외우는 습관이 있었기에 가능한 일이었다.

기회와 운은 누구에게나 찾아오지만, 아무나 그 기회를 잡는 것은 아니다. 기회와 운이 좋은 사람은 다 그럴만한 이유가 있다. 기회는 준비된 자만이 잡을 수 있다. 토스카니니가 그런 경우다. 악보를 잘 볼 수 없을 정도로 시력이 좋지 않다는 것은 음악가로서 치명적인 결점이다. 그러나 거기에 굴하지 않고 악보를 모두 외워 암보로 연주하는 습관이 있었기에 지휘자로 발돋움할 기회를 잡았다. 나 역시 편집디자이너가 될 수 있을지 알 수 없는 상황에서 포기하지 않고 꿈을 이루기 위해 준비했다. 그리고 어느 날 우연히 찾아온 기회를 잡고 지금까지 편집디자인 일을 하고 있다. 기회는 찾아오는 것이 아니라 만드는 것이다. 준비된 자만이 우연히 찾아온 기회를 내 것으로 만들 수 있다. 내가 포기하려는 그 순간, 한 발짝만 더 앞으로 나가면 성공이 기다리고 있을지 누가 알겠는가!

2장
고통도 내 인생의 한 부분임을

삶은 보는 각도에 따라 달라 보인다.
슬픔에 휘둘리지 않고 나로 살아가는 방법

너는 왜 엄마한테 전화 한 번 안 하니?

오늘 저녁에는 "사랑해요"라는 말과 함께
엄마를 꼭 안아드려야겠다.

내가 중학교에 입학하던 80년대에는, 지금의
롯데백화점 명동점 자리에 미도파 백화점이 있
었다. 그곳에서 엄마가 중학교 입학 준비물을
사주셨다. 당시 우리 집 형편으로는 과분한 일이었지만 엄
마는 기꺼이 감수하셨다. 경복궁, 덕수궁 등 고궁에 함께 놀
러 가고 광화문 교보문고에도 수시로 같이 가서 책을 샀다.
그때까지만 해도 많은 것을 공유하며 친구 같은 엄마였다.
친구들은 그런 나를 부러워했다.

언제부터였을까? 왜 나는 엄마를 어려워하게 되었을까?
엄마와 좋지 않은 기억은 고등학교 시절부터 시작된다. 고
등학교 2학년 때다. 그날은 내 생일이었다. 우리 집에서는
아무도 기억해주지 않았다. 좀 서운했지만 처음 있는 일도

아니라 말없이 학교에 갔다. 축 처진 기분으로 내 자리에 가서 앉았다. 친하게 지내는 친구가 이름을 불렀다. 뒤돌아보니 환하게 웃는 얼굴로 "은주야, 생일 축하해." 하며 선물을 내밀었다. 얼마나 고맙던지. 필통, 다이어리, 볼펜, 예쁜 편지지 등 그날 친구들이 준 선물이 책상 위에 가득했다. 우울한 기분을 날려버리고 기분 좋게 하루를 보냈다. 야간자습을 마치고 집에 와서 엄마 앞에 선물을 늘어놓았다. 내심 생일인 것을 알아채 주기 바랐다. 어리둥절한 엄마가 물었다.

"이게 다 뭐니?"
"친구들이 줬어."
"친구들이 왜?"
"오늘 내 생일이라서."
"네가 뭐가 예쁘다고 친구들이 선물을 줘?"

예상과 다른 엄마의 말에 마음이 무너졌다. 선물을 주섬주섬 챙겨서 내 방으로 돌아와 서럽게 울었다. 생일을 챙겨주지 못한 미안한 마음을 숨기려고 한 말일 수도 있었다. 그러나 그런 마음을 헤아리기엔 너무 어렸었다. 아버지, 동생들 생일은 기억하는데 내 생일은 늘 잊었다고 했다. 별별 생각이 다 들었다. "친구들이 왜?"라는 한마디에 내가 엄마의 마음에 안 드는 딸이라는 생각이 나를 지배해 버렸다. 엄마의 말은 물론 그런 의도는 아니었을 것이다. 생일에 친구에게 선물을 주는 문화가 엄마 세대에는 익숙하지 않았을 수 있다. 나처럼 평범한 아이가 친구들에게 선물을 한가득 받아오니 그것이 이상해서 한 말이었을 것이다. 하지만 한 번 든 생각은 점점 커지기 시작했다. 그 일 이후 한동안 어른이 되면 친엄마 찾아 삼만리를 꿈꾸기도 했다.

내가 결혼하기 전까지 엄마는 나의 모든 것을 못마땅하게 여기는 것 같았다. 냉정했고 부당하게 잘못을 지적하며 이해하기 어려운 말과 행동으로 상처를 주기도 했다. "남편 복 없는 년은 자식 복도 없다는 말이 딱 맞다." 내가 늘 듣던 말이다. 나는 뭘 그렇게 잘못했을까? 내가 결혼한 후 엄마한테서 전화가 왔다.

"너는 왜 엄마한테 전화 한 번 안 하니? 엄마 안 보고 싶니?"

"……."

나는 할 말이 없었다. 엄마가 내 전화를 기다릴 줄은 꿈에도 몰랐다. 내가 엄마를 원망하던 그 순간에도 엄마는 나를 걱정했다. 단지, 내가 그런 엄마의 마음을 몰랐다. 생각해보면, 겉으로는 매몰차게 보이고 차가워서 다가가기 힘들 때도 마음으로는 항상 나를 응원해주었다. 나의 힘든 모습을 보면서 내색 한 번 할 수 없었던 엄마의 마음도 나만큼, 아니 나보다 더 힘들었을 것이다. 그때는 미처 알지 못했다. 내 삶이 팍팍해 엄마를 신경 쓸 겨를이 없었다. 나 살기도 힘들어 엄마의 얼굴이 어땠는지, 마음이 어땠는지 보지 못했다. 내가 흘린 눈물만큼이나 엄마도 나 때문에 눈물을 흘렸을 것이란 걸 그때는 알지 못했다.

지금 나는 엄마와 함께 살고 있다. 내 아이가 커가면서, 지난날 엄마가 나에게 왜 그랬는지 조금은 알 수 있을 것도 같다. 나를 힘들게 했던 그 시절 엄마는 엄마 나름대로 살아내야 했다. 아버지는 성실하게 일하셨지만, 경제적으로 힘들었다. 얼마의 돈을 벌어다 주고 엄마가 그 돈을 어떻게 쓰는지 간섭하지 않았다. 돈을 벌어오는 일 외에 집안일에는 무심했다. 오직 낚시에만 온갖 정성을 쏟아부었다. 아버지 인생에 낚시가 전부인 듯했다. 아버지의 무관심 속에 집안일은 모두 엄마 차지였고, 모자라는 생활비마저 엄마가 충당해야 했다. 고단한 엄마의 삶에 탈출구가 필요했고, 그 대상이 나였나 보다. 나는 커서 엄마 같은 엄마는 절대로 되지 않겠다고 다짐했는데, 지금 내 모습은 어떤가? 내 아들이 '엄마'를 주제로 어떤 글을 쓸지 상상해보니 아찔하다. 내 엄마보다 더 좋은 모습이 아니라는 것만은 확실하다.

'슬프도다! 부모는 나를 낳았기 때문에 평생 고생만 했다.'

시경에 나오는 말이다. 내 아들에게 내가 그랬듯이, 내 엄마도 나를 낳았다는 이유로 나에게 최선을 다했을 것이다.

엄마와 딸 사이에 어찌 서운한 일이 없었겠는가? 한때는 엄마를 무척이나 미워했다. 그리고 또 한때는 엄마를 이해할 수 없었다. 그때는 엄마가 나를 좋아하지 않는다고 생각했다. 나이가 들면 다시 아이가 되어간다는 말처럼 이제 엄마와 내 나이가 비슷해지고 있는 것 같다. 항상 무서웠던 엄마가 이제는 때론 친구처럼, 때론 아이처럼 여겨지기도 한다. 시간이 갈수록 엄마와 더 많은 얘기를 나누고, 맛있는 것을 먹으며 우리는 그렇게 친구처럼 살아가고 있다.

나이 든 엄마는 점점 아이가 되어 간다. 예전의 도도하고 자존심 강했던 모습은 온데간데없다. 똑 부러지게 일 잘하고 똑똑하다고 모든 사람에게 칭찬받던 우리 엄마였다. 이제는 "내가 몰라서 그래.", "내가 무식해서 그래."를 아무렇지 않게 말한다. 그런 엄마를 보며 세월의 무상함에 서글퍼진다. 언제나 든든한 울타리가 되어주고 보호자로 있을 줄 알았다. 우리 집의 주인으로 당당했던 엄마가 시나브로 그 자리를 내게 넘겨주었다.

그래도 나는 엄마가 집에 있다는 것만으로도 든든하다. 엄마는 나에게 항상 거기에 있는 사람, 또 다른 나 같은 사람이다. 엄마가 있어서 좋다. 그냥 마냥 좋다. 무심한 세월 앞에서, 지금 엄마는 무얼 느끼고, 어떤 생각을 하고 있을까? 오늘 저녁에는 "사랑해요."라는 말과 함께 엄마를 꼭 안아드려야겠다. 이제 원망을 내려놓고 엄마의 삶을 보듬는 시간을 가져야겠다.

남편, 남의 편 이야기

"OOO 씨가 사표 낸 것 알고 있습니까?
두 분이 의논한 거예요?"

　　　　　　　"나 회사 못 다니겠어." 지나가듯 무심하게
　　　　톡 던진 남편의 말이다. 직장인이라면 누구나
　　　　때때로 퇴사를 고민하기에 크게 신경 쓰지 않았
다. 육아에 지쳐있던 나는 남편을 세심하게 살필 형편이 못
되었다. 결혼 생활에 적응하기도 전에 허니문 베이비로 아이
가 생겼기에 결혼 생활과 육아를 병행하는 게 힘에 부쳤다.
어느 것 하나도 쉽지 않았다. 나는 집에서 아이만 키우고 자
신은 돈을 벌어온다는 이유로 남편은 집안 살림과 육아에 무
관심했다. 이런 상황에서 남편이 힘들다고 말하는 것에 공감
이 되지 않았다. '나는 당신보다 더 힘들어.' 이 말이 목구멍
까지 차올랐지만 참았다. 한두 번 하다가 말 줄 알았는데 남
편은 퇴사하겠다는 말을 점점 더 자주 했다. 도저히 안 되겠
다 싶어서 이유를 물어보았다.

"퇴사하겠다는 이유가 뭐야?"

"지금까지는 월급이 호봉제였는데 내년부터는 연봉제로 바뀐대."

"그게 뭐가 문제야?"

"각자의 능력대로 월급이 책정된대. 직장 동료들을 짓밟고 일어서야 내 월급이 올라. 그거 못하겠어."

"다른 직원들도 그렇게 생각해?"

"아니."

"남들 다 괜찮은데 혼자만 왜 그래?"

"남들이 어떤지는 상관없고 나는 못 해."

이유를 듣고 나니 가슴이 더 갑갑했다. 당시는 대기업 위주로 연봉제로 바뀌어 가는 과정에 있었다. 연봉제에 대해서 잘 알지 못하니, 내가 설득할 수 있는 상황이 아니었다. 처자식을 위해 참아달라는 말밖에 못 하는 현실이 안타까웠다. 남편은 연말이 가까워지면서 더 괴로워했다. 결국, 마음의 병이 육체의 질병으로 나타났다. 집에서는 괜찮다가도 회사만 가면 머리가 아프다고 했다. 진통제를 먹어도 그때뿐이었다. 하긴 마음에서 생긴 병이니 진통제로 해결될 리 만무하다. 걱정되면서도 한편으로는 화가 났다. 집안 살림과 육

아는 여자가 하는 일이라며 남편은 전혀 도와주지 않았다. 그렇게 따지자면 처자식을 먹여 살리는 것은 결혼한 남자의 일 아닌가? 아들과 나는 누구를 믿고 살아야 하냐고 물으면 "내가 돈 벌어오는 기계야?" 하며 버럭 화를 냈다. 어처구니가 없었다. '그럼 나는 이 집 식모야? 애 키우는 보모야?'라는 생각과 함께 걱정하던 마음은 사라지고 화가 올라왔다.

남편은 갈수록 말수가 줄고 퇴근해서 저녁을 먹고 나면 바로 잠자리에 들었다. 건강은 점점 나빠졌다. 그냥 뒀다간 큰일 날 것 같아서 집 근처 한방병원에 갔다. 남편이 진료실에 들어갔다. 나는 아들을 안고 대기실에서 기다리고 있었다. 주변을 둘러보니 풍을 맞고 몸 한쪽이 마비된 사람들이 많았다. 삼십 대로 보이는 젊은 사람도 있어서 깜짝 놀랐다. 남편도 저렇게 될 수 있겠다고 생각하니 참혹했다. 남편의 병명은 스트레스 때문에 생긴 마음의 병이었다. 병원에서는 두세 달 정도 쉬라고 하며 한약을 처방해 주었다. 그러나 한약을 먹어도 아무 소용이 없었다.

한방병원을 다녀온 후로, 퇴사하겠다는 남편을 더는 말릴 수 없었다. 남편이 퇴직한 후에 우리에게 닥칠 앞날을 생각하니 눈앞이 캄캄했다. 어린 아들을 두고 내가 직장을 다닐 수도 없고 모아 놓은 돈도 없었다. 몇 달은 퇴직금으로 버티겠지만, 그 이후에는 또 어떻게 될지 알 수 없었기에 두려웠다. 어떤 것 하나도 속 시원하게 해결되지 않은 채 속절없이 시간만 흘러갔다.

1995년 12월 30일 토요일 아침이었다. 출근하는 남편을 따라 현관문 앞에 섰는데 남편이 갑자기 말을 꺼냈다.

"나 오늘 사표 내고 올 거야."
"뭐라고?"
"사표 낸다고. 그동안 계속 얘기했잖아."

남편의 일방적인 통고에 어안이 벙벙했다. 내가 멍하게 서 있는 사이에 '쾅'하고 현관문이 닫혔다. 남편은 회사 다니기 싫다고만 했지, 퇴사 후에 어떻게 하겠다는 말은 전혀 없었다. '아무런 대책 없이 사표 내지는 않겠지.' 떨리는 마음을 애써 다독이며 남편이 퇴근하기를 기다렸다.
"어떻게 됐어?"
"뭐가 어떻게 돼. 사표 내고 왔어."
'설마, 아니겠지' 하며 기다렸는데 일말의 기대감이 무너졌다. 이 사람이 이렇게 책임감 없는 한심한 사람이었나 싶었다. 사표 내고 온 그날부터 남편은 언제 아팠냐는 듯이 말짱해졌다. 남편의 회사에서 전화가 왔다.

"OOO 씨가 사표 낸 것 알고 있습니까? 두 분이 의논한 거예요?"

"네, 맞아요."

"너무 갑작스러운 일이라서 일주일 동안 사표 수리하지 않고 기다릴 테니 설득해 주세요."

"네."

의논한 건 아니지만, 자존심이 상해서 그렇다고 했다. 회사에서 일주일간의 시간을 주었다. 남편과 대화를 시도했지만 통하지 않았다. 일주일이 쏜살같이 지나갔고 남편은 퇴사 처리되었다.

남편은 퇴직금과 국민연금을 일시불로 받아 생활비로 쓰면서 두세 달 쉰 후에 이발 기술을 배우겠다고 했다. 거기까지가 남편의 계획이었다. 그 이후는 생각해보지 않았다고 했다. 남편의 말을 듣고 어이가 없었다. 이발 기술을 배우는 동안 생활비는 어떻게 충당할 것이며, 기술을 익혔다고 바로 벌이로 이어지는 것이 아니었다. 이런 이유로 친정과 시댁 모두 반대하며 다른 걸 해보라고 했다.

고민 끝에 당시 게임팩 대여점이 유행하고 있을 때여서 그걸 시작했다. 지금이나 그때나 나는 게임에 관심이 없다. 남편 역시 재미 삼아 오락실 몇 번 다닌 것이 전부였다. 경험이 없기에 프랜차이즈 본사에 모든 걸 맡겼다. 지금 생각해보면 무모하기 짝이 없지만 유행하는 업종이라 시작만 하면 잘될 줄 알았다. 매장 인테리어가 끝난 후에 본사에서는 나 몰라라 뒷전으로 물러났다. 우리는 나름대로 최선을 다했지만, 역부족이었다. 몇 개월 지나고 보니 부업으로 하면 좋을 그런 업종이었다. 게임팩 대여 매장을 정리했다. 금쪽같은 돈 이천만 원을 날리고 친정 가까운 곳으로 전세를 얻어 이사했다. 번화가 아파트에서 외진 곳에 있는 단독 1층으로 옮겼는데 친정아버지는 그게 마음이 아프셨나 보다. 여동생이 결혼하면서 친정에 빈방이 하나 있었다. 아버지의 권유로 우리는 친정으로 들어갔다.

이리저리 궁리 끝에 서울 신촌에 삐삐가게를 차렸다. 제부가 그쪽 분야에서 일하고 있었기에 동업을 하기로 했다. 장사는 목이 좋아야 하는데 우리가 얻은 점포는 서울 신촌에서도 약간 소외된 곳이었다. 생각보다 매출이 적었다. 하는 수 없이 제부와의 동업을 파기하고 남편이 혼자 운영하던 중에 IMF가 터졌다. 우리는 직격탄을 맞았다. 보증금보다 권리금을 훨씬 더 많이 주고 시작한 일이었다. 보증금 얼마를 제외하고 가진 돈을 전부 날렸다. 그 보증금으로 아주버님에게 빌린 돈을 갚고 나니 우리 수중에는 십 원짜리 동전 하나도 없었다.

기업이 줄도산하고 그 와중에 버티지 못하고 스스로 목숨을 끊는 이도 많았다. 구조조정으로 많은 사람이 일터에서 떠나야 했다. 이런 상황에서 취업은 하늘의 별 따기보다 어려웠다. 대기업을 다녔던 경력과 자영업을 했던 이력이 남편의 재취업에 큰 걸림돌이 되었다. 벼룩시장 구인난을 뒤지며 이리저리 수소문한 끝에 제때 월급을 받을지 있는지도 알 수 없는 작은 회사에 취업했다. 남편은 동남아시아 외국인들과 함께 생산 현장에서 일했다. 일하는 것에 비해 월급은 턱없이 적었다. 생활비가 부족해 카드 빚은 늘어만 갔다. 친정 부모님의 도움을 받아 근근이 살아갔다. 이 불안의 끝이 어디인지 알 수 없어 더 절망스러웠다. 어쩌다 이렇게까지 되었는지 남편이 원망스러웠다.

열심히 살았다. 앞만 보고 정말 열심히 살았다. 내 삶에 최선을 다한 결과가 절망이라는 것에 나는 미칠 것 같았다. 억울했다. 세상이 나한테 왜 이러는지 원망스럽기도 했다. 나의 열심은 무엇을 위한 것이었을까? 선명하게 떠오르는 것이 없었다. 눈앞에 닥친 위기를 모면하는데 급급했다. 발등에 떨어진 불을 먼저 꺼야 했기에 무언가 다른 걸 생각할 겨를이 없었다. 무엇을 위해 어디로 가는지도 모르고 앞만 보고 달렸다. 그러다 보니 방향을 잡지 못하고 갈팡질팡하면서 흔들렸다.

당시에는 몰랐지만, 나중에 나이가 들고 알게 된 것이 있다. 인생에 있어 열심히 사는 것은 큰 도움이 되지 않는다. 열심히 산다고 성공이 찾아오는 것도, 행복이 찾아오는 것도 아니다. 그저 열심히 살았다는 위안이 있을 뿐이다. 열심히 사는 것보다 방향성이 중요하다. 어느 한 방향을 향해 나아가면서 목적을 이룰 때 성취감과 함께 행복을 느낀다.

나는 목적도 없이 이리저리 흔들리며, 당면한 문제에 집중하느라 행복을 느낄 여유가 없었다. 힘든 상황에서도 분명 행복한 순간이 있었을 텐데 알아채지 못했다. "나침반이 없다면 항해도가 있어도 배는 항구로 향할 수 없다." 미국의 경영학자 '피터 드러커'가 한 말이다. 나는 나침반뿐 아니라 항해도조차 없이 바다 한가운데서 어쩔 줄 몰라 했다. 아무런 방향성도 없이 이리저리 흔들리며, 당장 눈앞에 닥친 문제에 집중하느라 순간의 행복을 놓친 것이 안타깝다. 우리의 삶은 무조건적인 열심이 아니라 목적이 있는 열심이어야 한다.

아빠 돌아가셨다!

"네가 우리 마음 알아?
어디를 봐도 아빠가 있어. 너무 힘들어."

여러 곳에 흩어져 있던 조상 묘를 이장하여 한 곳에 정리하는 데에 3년이 걸렸다. 산소 주변에 깔아 놓은 잔디가 뿌리 내리고 자리 잡기를 기다리고 있었다. 더위가 한창 기승을 부리던 8월 초, 산소에 잡초가 무성하여 잔디가 죽게 생겼다는 현지인의 연락을 받고 부모님과 남동생 가족이 고향으로 내려갔다. 금요일 밤에 출발하여 토요일 아침 일찍 일을 마치고, 집으로 돌아온다는 계획이었다.

토요일 아침, 나는 출근하기 위해 엘리베이터를 탔다. 핸드폰이 울렸다. 친정엄마였다.

"여보세요."

엄마는 말없이 울기만 했다.

"엄마 무슨 일이야? 왜 그래?"

아무리 물어도 묵묵부답이고 흐느끼는 소리만 들렸다. 뭔가 큰 사달이 난 게 분명했다. 온갖 못된 상황이 떠올랐다. '어린 조카들이 심하게 다쳤나? 넘어져서 눈을 다쳤나? 큰 사고가 났나?' 그때까지만 해도 조카들에게 큰 탈이 난 줄 알았다.

"엄마, 울지 말고 말해봐. 뭐 때문에 울어?"

"아빠가 쓰러졌다. 네 동생이 119 불러서 함께 타고 병원으로 갔다."

그렇게만 말하고 엄마는 전화를 끊었다. 어떻게 된 상황인지 자세한 얘기를 들을 수 없었지만, 한여름이었기에 일사병으로 잠시 정신을 잃은 것으로 생각했다. 병원에 가서 안정을 취하면 금방 깨어날 줄 알았다. 나는 크게 걱정하지 않고 출근했다. 아버지가 빨리 정신을 차리고 회복하도록 기도해야겠다는 마음이 들었다. 출근하여 자리에 앉자마자 섬기고 있는 교회의 지인들과 친구에게 중보기도를 요청했다. 나도 간절한 마음으로 기도했다.

오전 열 시쯤 다시 엄마한테서 전화가 왔다.

"아빠 돌아가셨다."

"뭐라고!"

"아빠 돌아가셨어……."

무슨 말을 어떻게 하고 전화를 끊었는지 기억나지 않는다. 핸드폰을 통해 들려오는 엄마의 이 한마디에 내 모든 미움이 산산조각이 났다. TV 드라마나 영화에서 보던 것처럼 아버지가 내게 했던 것이 필름처럼 휘리릭 지나갔다. 필름 속 아버지는 사랑의 화신이었다. 나에 대한 사랑과 걱정으로 똘똘 뭉쳐있었다. 그동안 아버지는 자신을 미워만 하는 내 마음을 돌이킬 방법을 몰라 묵묵히 자신의 사랑을 전할 뿐이었다.

너무나 갑작스럽게 큰일을 당하니 실감이 나지 않았다. 눈물조차 나오지 않았다. 아무 생각 없이 회사 일을 마무리 짓고 있는 내가 정상인가 싶었다. 그만큼 아버지의 죽음을 인정할 수 없었고, 사실로 느껴지지 않았다. 부장님에게 일을 넘기기 위해 일 층 사무실로 내려가는데 나도 모르게 눈물을 흘렸나 보다.

"남 대리, 왜 울어?"

"……."

"왜 그래?"

"아빠가 돌아가셨어요."

사장님과 직원들 모두 놀랐다. 사장님은 얼른 퇴근하라고 했다. 엄마도 안 계시고 나는 어떻게 해야 할지 몰랐다. 멍한 상태에서 운전했다. 문득 상조보험에 가입한 게 떠올랐다. 상조회사에 연락하여 장례식장에서 담당자를 만났다. 상조회사에서 나온 분들이 분주히 움직여 빈소를 마련하고 아버지가 오기를 기다렸다. 언제 왔는지 여동생이 보였다. 혼자가 아니라 조금 안심이 되었다.

저녁때가 다 되어서야 아버지와 남동생을 태운 119구급차가 도착했다. 남동생이 초췌한 모습으로 먼저 내리고 아버지가 들것에 실려 나왔다. 차에서 내리자마자 아버지는 영안실로 옮겨졌다. 스치듯 지나가는 찰나에 아버지 얼굴을 보았다. 너무나 평온한 모습이었다. 잠을 자는 것처럼 보였다. 경상북도 의성에서 인천까지 거리가 먼데다 토요일이어서 차가 막혀 늦었다고 했다. 119 사이렌을 계속 울리면서 왔기에 그나마 빨리 온 거라고 했다. 이른 아침 아버지가 쓰러진 후 줄곧 동행했던 동생이었다. 이미 사망 선고를 받은 아버지와 함께 긴 시간을 오면서 동생은 얼마나 마음이 아프고 허망했을까. 지금 생각해보면 안쓰럽기 그지없는 상황이지만, 우리는 각자 자신의 감정 추스르기도 박찼기에 누구의 마음을 헤아릴 여유가 없었다. 한참을 더 기다리니 올케가 운전하는 차를 타고 엄마와 조카 둘이 무사히 도착했다.

영정사진으로 쓸 사진을 가지러 집에 갔다. 아무리 뒤져도 쓸 만한 게 없었다. 아버지는 가족과 함께 여행하는 것보다 친구들과 낚시 다니는 걸 더 좋아하셨다. 원래 사진 찍는 것을 좋아하지 않았고 또 정면으로 찍은 것이어야 해서 더 찾기 어려웠다. 온 집안을 뒤진 끝에 낚시터에서 모자 쓰고 찍은 사진과 헝클어진 머리에 러닝셔츠 차림의 사진을 찾아 장례식장에 가져갔다. 모자를 쓴 것은 영정사진으로 안 된다고 하여 러닝셔츠 차림의 사진을 포토샵으로 보정했다. 얼마 후에 아버지는 머리를 올백으로 단정하게 정리하고 양복을 입고 나타났다.

장례 첫날은 아버지와 가까이 지내던 몇 분이 다녀가셨다. 갑작스러운 일에 놀라서 한걸음에 달려오신 분들이었다. 둘째 날엔 예상보다 훨씬 많은 문상객을 대하느라 우리는 온전히 슬퍼할 겨를이 없었다. 그 와중에도 눈물이 시도 때도 없이 왜 그렇게 나오던지. 오랜 세월 아버지를 미워했었기에 눈물이 나지 않을 줄 알았다. 그동안 쌀쌀맞고 냉정하게 대했던 것이 어찌나 후회되던지 가슴에 돌덩이를 올려놓은 것 같았다. '아버지가 돌아가셨는데 눈물이 안 나면 어떡하지?' 이게 늘 걱정이었다. '장례식장에서 많이 우는 사람은 망자와 관계가 좋았던 사람이 아니라 좋지 않았던 사람이다.'라는 얘기를 들은 적이 있다. 아버지가 돌아가시고 나서 눈물이 멈추지 않는 것을 보니 이 말은 진실이었다. 성가대 총무님이 조문 오셔서 "남 집사 눈물 바구니 터졌어. 그만 울어."라고 하셨다. 그 말에 다시 눈물이 쏟아졌다. 장례식 치르는 동안 아버지에 대한 미안함으로 미칠 것만 같았다. 아버지가 안 계시면 마음이 편안할 줄 알았다. 이렇게 후회하며 가슴 아파할 거라고는 꿈에도 생각 못 했다. 아버지를 향한 미안함으로 어쩔 줄 모르는 나를 보며 내가 놀랄 지경이었다.

경황이 없는 중에도 많은 분의 도움으로 무사히 장례를 마쳤다. 마음이 미어져 아버지의 물건을 도저히 볼 수가 없었다. 장지에서 영정사진과 옷들을 모두 불태웠다. 그러나 집안 여기저기에 아버지가 계셨다. 늘 낚시도구를 만지며 앉아 있었던 아버지 자리, 베란다 쪽 창가를 밟고 지나갈 수가 없었다. 꼭 아버지를 밟는 것 같았다. 아버지의 부재가 뼈저리게 느껴졌다. 아버지와 함께 낚시하러 다니던 분이 얼마의 돈을 주고 낚시도구를 모두 가져가겠다고 하여, 그러라고 했다. 남동생이 뒤늦게 이 사실을 알고 불같이 화를 냈다.

"어떻게 집에 오자마자 낚시도구를 팔아?"

"우리가 판 게 아니고 그분이 그냥은 못 가져가고 얼마의 돈을 주겠다고 했고, 우리는 마음이 너무 아파서 도저히 못 보겠어서 그러라고 했어."

"내가 우리 집에 가져갈 거야!"

"네가 우리 마음 알아? 어디를 봐도 아빠가 있어. 너무 힘들어."

"나도 마찬가지로 힘들어. 누나는 같이 살았잖아. 나는 결혼하고 따로 살면서 자주 보지도 못했어. 내 마음을 누나가 알아?"

우리는 각자 감당하기 힘든 감정을 토해내고 있었다. 건강했던 아버지였기에 쉽게 떠나보낼 수 없었다. 아버지를 잃은 비통함에서 헤어 나올 수 없을 것 같았다. 그러나 시간이

약이라고 어느 정도 마음을 추슬렀다고 생각하던 때에 최 권사님이 "한 달 넘게 지났는데 이제 그만 슬퍼하셔도 될 것 같아요. 얼굴 좀 펴요. 금방이라도 울 것 같잖아요."하셨다. 나는 한 달 넘게 아버지가 돌아가신 그날을 살고 있었다. 그렇게 아버지에게 용서를 구하고 있었는지도 모르겠다. 아버지가 가족들에게 말 한마디 못 하고 세상을 떠난 후에야 아버지에 대한 나의 사랑이 시작되었다.

내가 사장이라고?

내가 아버지를 그리워할 줄은 꿈에도 몰랐다.

아버지가 돌아가시고 두 달쯤 지나고 나니 우리가 처한 상황을 돌아볼 여유가 생겼다. 그제야 아버지가 하던 가게를 어떻게 처리할지 가족회의를 했다. 남동생 말에 의하면, 아버지는 큰 딸인 내가 그 가게를 물려받기를 원했다고 한다. 언제까지 회사에 다닐 것이며, 직장생활보다는 나을 것이라는 게 아버지의 생각이었다. 당시 나는 인쇄소에 다니고 있었다. 가족들은 비슷한 업종이라며 내가 맡아서 하라고 권했다. 결혼 전에 너무도 싫어했던 일이라 나는 완강히 거부했다. 그러나 아버지가 갑자기 세상을 떠난 것도 힘든데, 30년을 경영했던 가게마저 정리하는 것이 엄마의 마음을 더 힘들게 하는 것처럼 보였다. 엄마를 보니 마음이 조금 흔들렸다. 내가 계속 결정을 미루고 있을 때 제부가 결정적인 한마디를 던졌다. "처형, 구청 앞이니 구청 직원들 퇴근하는 시간에 맞춰서 가게 문 닫으세요. 아침 9시에 문 열고 저녁 6시에 닫아요. 공무원들 쉬는 날 같이 쉬세요. 이런 꿀 직업이 어디 있어요?" 이 한마디에 혹하고 넘어가 퇴사했다.

죽기보다 싫어했던 그 일을 다시 시작하면서 주변 상인들로부터 나를 걱정하던 아버지의 마음을 들을 수 있었다.

"여기서 남 사장님이랑 같이 담배 피웠어요. 그때 딸이랑 손자 얘기 많이 하셨죠. 은주 씨 걱정 많이 했어요."

"남 사장님이 얘기하던 큰딸이에요? 회사에서 일 잘한다고 늘 자랑 하셨어요."

"당신이 이 일을 얼마나 더 하겠냐며, 큰딸이 회사 다니지 말고 이거 물려받으면 좋겠다고 하셨어요. 남의 밑에서 일하는 것보다 나을 거라고……."

"손자가 사춘기라서 딸이 힘들어한다며 속상해하셨어요."

남편과 별거하고 아이를 키우며 마음고생하는 나를 많이 안타까워하셨다고 한다. 가게 주변 분들의 말을 듣다 보니 아버지의 각별했던 사랑을 느낄 수 있었다. 나를 힘들게 한 무정한 아버지로만 알았는데, 내 생각과 너무 다른 모습에 적잖이 충격을 받았다. 그랬다. 아버지는 처음부터 나를 사랑했고, 언제나 나를 사랑했고, 세상을 떠나는 그날까지 나를 사랑했다. 사랑하지 않은 사람은 나뿐이었다. 아버지는 그렇게 변함없이 항상 나를 사랑하고 있었다.

일을 시작한 후 6개월은 죽을 것 같았다. 복사, 제본, 코팅, 출력, 도장 새기는 것까지 쉬운 건 하나도 없었다. 전에 다녔던 인쇄소에서 다른 직원이 하는 것을 보기만 했지 직접 하지 않았던 일이다. 손수 하려니 모든 것이 서툴렀다. 나중에는 손님이 가게 문을 열고 들어오는 게 무서웠다. 수시로 같은 업종의 매장으로 달려가서 물어보고, 때로는 손님에게 배우기도 했다. 아버지가 하던 일에 내가 좋아하는 편집디자인 분야를 추가하니, 결혼 전과 같이 죽을 만큼 싫지는 않았다. 오히려 일을 할수록 더 재미있어졌다. 편집디자인은 지금까지 하던 일이라 자신 있었고 적성에도 맞았다. 명함이나 전단지 같은 인쇄물을 디자인할 때면, 쌓였던 스트레스가 풀리고 낯선 일에 대한 압박감에서 벗어날 수 있었다. 이렇게 하나씩 배우고 익히고 적응하며 나는 자영업자가 되어갔다.

참 많이 미워했던 아버지였다. 돌아가신 후에야 아버지의 무조건적 사랑이 새록새록 보이는 건 무슨 조화인지 모르겠다. 내가 아버지를 그리워할 줄은 미처 몰랐다. 아버지가 생각나는 것이 힘들어서 쓰시던 물품을 그렇게도 정리했는데, 결국 아버지의 흔적이 가장 많이 남아있는 가게를 물려받았다. 집기 하나하나에 아버지의 손길이 남아있는 그곳이 내 삶의 한 축이 되었다. 아버지를 미워했던 그 시간만큼 아버지의 흔적 속에서 용서를 구하라는 삶의 뜻인지도 모르겠다. 인생의 아이러니한 점은 잊으려고 애쓰는 것이, 때론 내 삶의 큰 자리를 차지하기도 한다는 것이다.

오십 대로 보이는 두 자매가 가게 문을 열고 들어왔다. 언니로 보이는 이가 오만 원짜리 신권을 코팅해 달라고 했다.

"돈을요? 코팅하면 사용 못 해요."

"괜찮아요. 그냥 해주세요."

"언니, 돈을 왜 코팅해?" 함께 온 동생이 물었다.

"내가 엄마 살아계실 때 용돈을 한 번도 못 드렸어. 그게 너무 미안해서 코팅해서 엄마 납골당에 갖다 놓으려고."

우리 자식들은 이렇게 어리석다. 중국 한나라 때 한영이 지은 〈한시외전〉에 이런 말이 있다. "나무가 고요하고자 하나 바람이 멈추지 않고, 자식이 효도하고자 하나 어버이가 기다리지 않는다." '살아계실 때 좀 잘해드릴걸.' 하고 후회해보지만 부질없는 짓이다. 나를 향했던 아버지의 외사랑이 가슴 아프다. 좀 더 일찍 그 사랑을 눈치챘더라면 얼마나 좋았을까? 자식은 부모가 이해되지 않으면 싫어하기도 한다. 하지만 부모는 자식이 이해되지 않아도 사랑한다. 내 아버지처럼.

딸 바보였던 나의 아버지

사랑은 공기와 같다.
모든 곳에 있지만 알아차리지 못한다.
사랑이 사라진 후에야 비로소 그곳에 있었음을 알게 된다.

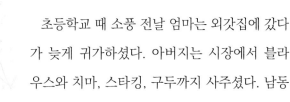초등학교 때 소풍 전날 엄마는 외갓집에 갔다가 늦게 귀가하셨다. 아버지는 시장에서 블라우스와 치마, 스타킹, 구두까지 사주셨다. 남동생에게는 주황색 남방 하나 사준 것으로 기억한다. 남동생이 많이 서운했을 거다. 긴 머리를 매일 땋아주기 힘들다고 엄마가 이틀에 한 번씩 머리를 손질해주었다. 나는 그게 싫어서 머리를 짧게 컷트하고 싶었지만, 엄마가 안 된다고 했다. "애가 하고 싶다는데 머리 잘라줘." 아버지의 한 마디에 나는 단발머리를 할 수 있었다. 미용실 다녀온 나를 보더니 아버지가 예쁘다고 했다.

내가 고등학교 다니던 때는 카세트테이프로 음악을 들었다. 어려운 가정 형편에도 불구하고, 아버지는 삼성에서 나

온 제일 좋은 카세트 플레이어를 사주셨다. 너무 좋아서 매일 귀에 꽂고 다니며 카세트테이프로 노래를 듣고 라디오 음악방송을 들었다. 한 달 정도 지났는데 한쪽 이어폰 줄이 끊어졌다. 카세트 플레이어를 사준 지 한 달 만에 이어폰을 다시 사달라고 하려니 미안해서 입이 떨어지지 않았다. 온 가족이 모여 저녁을 먹고 있을 때 그냥 지나가는 말로 "이어폰 한쪽 줄이 끊어져서 한쪽으로만 들으니까 귀가 간질거려." 이렇게만 말했다. 그 말을 듣고 다음 날 바로 이어폰을 사주셨다. 어떤 날은 나를 데리고 신발가게로 가서 운동화를 사주셨다. 군청색을 골랐더니 여자애가 그런 색을 신으면 되겠냐고 하면서 하얀색에 민트색 로고가 새겨진 것으로 골라주셨다. 새 운동화를 신고 학교에 갔더니 예쁘다고 친구들이 난리였다. 남동생과 싸우기라도 하면 이유 불문하고 "왜 누나한테 대들어?"라고 하시며 늘 동생을 혼냈다.

내가 미워하던 아버지의 모습은 나에 대한 사랑 그 자체였다. 나를 사랑하지 않은 것이 아니라 아버지만의 방식으로 나를 사랑한 것이었다. 그건 잘못된 것이 아니라 다름이었다. 그때는 틀림과 다름의 차이를 몰랐기에 아버지의 사랑을 눈치채지 못했다. 사랑은 공기와 같다. 모든 곳에 있지만 알아차리지 못한다. 사랑이 사라진 후에야 비로소 그곳에 있었음을 알게 된다.

　나는 드라마나 영화, 소설 속의 '딸 바보 아빠'를 가진 딸들이 무척 부러웠다. 그런데 내 아버지가 바로 그 '딸 바보 아빠'였다. 나만 몰랐다. 어릴 적 기억 속의 아버지는 나에게 무관심한 것 같았는데, 실제로는 말없이 사랑을 표현해 주셨다. 안동에서 살다 서울로 이사 오기 전에 아버지는 먼저 상경해서 혼자 살고 계셨다. 우리 가족 모두 이사 오기 전에 나만 데리고 서울에 왔을 때였다. 밤에 자다가 소변이 마려워 잠이 깼다.

"아빠, 화장실 가고 싶어."
"어 그래? 소변이니, 대변이니?"
　처음 들어보는 말이다. 뭔지 모르지만, 소변이라고 해야 할 것 같았다.
"소변."
"그래, 아무도 안 보니까 마당 하수구에 누고 와. 물 한 바가지 뿌리고."
　재래식 화장실이 마당에 있었기에 혹시라도 불상사가 생

길까 걱정하셨나 보다. 아들도 아니고 딸을 왜 데리고 오셨을까? 내가 먼저 와서 해야 할 일이 있었던 것도 아니었다. 그저 아버지는 나에게 먼저 서울을 구경시켜 주고 싶었을까? 지난날을 돌이켜 보니 아버지는 나에게 슈퍼맨이었고, 누구보다 사랑이 넘치는 분이었다.

아버지의 사랑은 나뿐만이 아니라 내 아들에게도 이어졌다. 친정에서 살고 있을 때였다. 아버지는 일이 끝나고 집에 오시면 "00아, 할아버지 왔다." 하며 가장 먼저 손자를 찾았다. 아들을 낳고 한 달 동안 친정에서 산후조리를 하고 집에 돌아온 이후로 아버지는 주말마다 우리를 부르셨다. 마을버스를 타고 나와서 전철로 환승하여 이동하고 또 도착지에 내려서 친정까지 걸어가는 것이 힘들었다. 한 주일이라도 가지 않으면, 아이 옷과 장난감을 사서 그 무뚝뚝하던 아버지가 우리 집에 오셨다. 또 어디를 가든지 아이를 안고 다니셨다. 손자에게 필요할 것 같으면 먼저 요구하지 않아도 다 사주셨다. 버릇 나빠진다고 아무리 말려도 쇠귀에 경 읽기였다. 아들을 훈육하기 위해 내가 조금이라도 소리를 높이면 그 자리에서 도리어 나를 혼내서 당황했던 적이 한두 번이 아니었다.

아버지가 그렇게 사랑했던 내 아들. 그 사랑은 무엇일까? 나에 대한 미안함 때문이었을까? 아니면 첫 손주를 향한 사랑? 그것도 아니면 나에 대한 사랑의 감정이 손자에게까지 흘러간 것일까? 무엇이 되었든지 딸과 손자까지 대를 이은 아버지의 사랑은 끝이 없었다. 나는 이십 년 동안 아버지를 미워하며 살았는데 당신은 한 번도 나를 미워한 적이 없었다. 그때의 나는 얼마나 냉정했었는지, 얼마나 무뚝뚝하고 사무적이었는지 아버지에 대한 미안함으로 가슴이 시리다.

다 비우고 나가세요!

"두려워하지 말라 네가 수치를 당하지 아니하리라.
네가 네 젊었을 때의 수치를 잊겠고 과부 때의 치욕을 다시 기억함이
없으리니 이는 너를 지으신 이가 네 남편이시라 그는 온 땅의 하나님
이라 일컬음을 받으실 것이라" 이사야 54:4-5

친정아버지가 운영하시던 일을 유업으로 물
려받았지만, 익숙해지기까지 고생을 많이 했
다. 전에 인쇄소에서 일을 했었기에 복사, 제
본, 도장 같은 일이 완성품이 나오기까지 과정은 알고 있었
다. 그러나 아는 것과 직접하는 것은 달랐다. 어디서부터 손
을 대야 할지 엄두가 나지 않았다. 기계를 다룰 줄 모르는
것만 문제가 아니었다. 가격이 어떻게 형성되는지조차 몰랐
다. 그게 더 큰 문제였다. 특히 도장은 종류별로 가격이 달랐
다. 빨간색 도장을 들고 손님이 물었다.

"이거 얼마에요?"
"제가 처음이라 가격을 잘 몰라서요, 잠시만 기다리세요."
하고 한 블록 떨어진 곳에 있는 같은 업종의 매장에 가서

그곳 사장님께 물었다.

"사장님 이거 얼마예요?"

"응, 그거 만원."

"네, 고맙습니다."

헐레벌떡 뛰어와서 만원이라고 알려드렸다.

"그럼 이건 얼마예요?"

"잠시만요."

다시 그 매장에 가서 가격을 물어봐야 했다. 그렇게 몇 번을 더 반복하고 나서야 도장을 새길 수 있었다. 지금은 웃으면서 에피소드로 말하지만, 그때는 그 손님이 어찌나 야속했는지 모른다. 내가 가게를 이어받고 컬러와 흑백 복합기를 새로 구매했다. 복합기를 설치하고 사용법을 들었으나 뭐가 뭔지 도통 알 수 없었다. 당시에 나는 컴퓨터로 출력만 했었다. 디지털 복합기로 복사해본 적이 없었다. 그런 와중에 대량 복사를 해달라는 손님이 왔다. 머릿속이 또 하얘졌다. 대량으로 복사하는 방법을 들은 것 같은데, 막상 하려니 기억나지 않았다. 하는 수 없이 복사기 뚜껑을 올리고 내리고를 반복하면서 한 장씩 복사를 시작했다.

"사장님, 그거는 여기 트레이 위에 올려놓고 시작 버튼 누르면 복사돼요."

"아, 그래요? 인쇄된 면이 아래로 향하게 놓는 거죠?"

"아니요, 그게 위로 가야죠."

"진짜요? 확실해요?"

"네."

손님이 가르쳐 준 대로 했더니 정말 자동으로 복사가 되었다. 또 한 번은 컬러로 인쇄해서 급하게 제본하는 일이 들어왔다. 토너가 부족해서 인쇄 도중 복합기가 멈춰버렸다. 손님이 기다리고 있어서 더 당황스럽고 어떻게 해야 할지 몰라 진땀이 나고 속이 탔다. 내 모습을 본 손님이 복합기 전면 커버를 열고 토너 통을 꺼내서 한 번 흔들고 제자리에 넣으니 인쇄가 재개되었다.

"얼른 토너 주문하세요. 이렇게 한 번 했으니 제 것은 다 나올 거예요."

"네, 고맙습니다."

이렇게 손님들에게 배우기도 하며 복합기 사용법을 익혔다.

일을 시작하고 이 년쯤 지났을 때 단골손님이 이런 말을 했다.

"사장님 이제 전문가가 다 됐네요."

"그렇죠, 손님 처음 오셨을 때, 저 아무것도 모르는 초보였어요."

"그런 줄 알았어요. 그렇게 보였어요."

"그거 아는데도 계속 오셨어요?"

"다른 데 가기도 그렇고 큰 실수는 안 하시니까요."

무척 감사했다. 그냥 딱 봐도 초보 티가 팍팍 나는데도 불구하고 일을 맡기고 지금까지 거래하며 단골손님이 된 많은 분에게 그저 감사할 따름이다. 엄마는 매일 점심 도시락을 싸 오셨고, 여동생은 남편과 어린 아들 둘을 챙기기도 바쁠 텐데 같이 출퇴근하며 일을 도와주었다. 3개월 정도는 시간이 어떻게 지나가는지 모를 정도로 정신이 없었다. 6개월쯤 되니 느리기는 해도 혼자 할 수 있을 정도가 되었다. 그래도 한동안은 바쁘면 동생 손을 빌려야 했지만 말이다.

그렇게 가게는 자리를 잡아갔다. 안정적으로 접어드나 싶은 순간에 시련이 닥쳤다. 세 들어있는 상가가 경매 절차를 밟는다는 등기우편을 받았다. 심장이 쿵 하고 내려앉으며 하늘이 노랗게 변했다. 아버지와 건물주간에 임대계약 기간이 남아있었으나, 내 이름으로 임대차계약서를 다시 작성했다. 계약 후에 건물주가 청주에 사우나를 짓느라 대출을 많이 했으니 등기부 등본을 확인해 보라는 주변 상가 사장님의 권유를 흘려들은 게 후회되었다. 그때 확인했다 하더라도 이미 새로 계약을 마친 상태라 어쩔 도리가 없기는 마찬가지였다.

며칠을 멍하니 지내다가 동생들에게 이 사실을 알렸다. 엄마한테 어떻게 말씀드려야 할지 걱정이었다. 엄마가 쓰러질지도 모르니 말씀드리지 않기로 의견을 모았다. 우리는 경매에서 상가를 낙찰받을 만한 경제력이 없었으며, 이 일에 대해 의논할 사람도 없었다. 임대인끼리 모여 이런저런 의견을 주고받았으나 아무런 도움이 되지 않았다. 아무리 생각해도 방법이 없었다. 인터넷을 뒤져보아도 뾰족한 수는 보이지 않았다. 그저 결과를 기다리는 것 외에 우리가 할 수 있는 건 아무것도 없었다. 퇴근하여 엄마가 눈치채지 못하게 하는 것이 어려웠다. 수시로 심장이 쿵쾅거리며 눈물이 쏟아졌다.

아무것도 할 수 없는 상황이었지만 그대로 주저앉아 있을 수는 없었다. 내가 할 수 있는 게 무엇일까 생각해보았다. 속회예배(감리교에서는 구역예배를 속회예배 라고 한다)시에 말씀 전하는 집사님이 했던 말이 문득 떠올랐다. 아무것도 할 수 없고 사방이 막혀있어도 하늘은 열려 있다고 했다. 그 말씀이 깨달아지는 순간 나는 하나님께 매달릴 수밖에 없었다.

교회에 가서 내가 속한 교구 목사님과 여선교회를 담당하는 전도사님께 사정을 알리고 기도를 부탁드렸다. 믿음이 깊은 친구와 친하게 지내던 오 집사에게도 중보기도를 요청했다. 오 집사와 함께 새벽예배를 드리기 시작했고, 정규예배 외에도 퇴근 후에 기도하기 위해 교회로 갔다. 교회에 오가는 동안 서로 위로하고 권면하며 소중한 시간을 보냈다. 저녁에 교회 가서 기도하자고 먼저 말해 준 오 집사가 고마웠다

새벽에 목사님 설교가 끝나고 개인 기도시간에, 간절하게 기도하다가도 두려움이 엄습해오면 죽을 것 같았다. 심장은 미친 듯이 뛰고 진땀이 나며 숨을 쉬는 것조차 힘들었다. 마음을 진정시켜보려고 애를 써도 아무 소용이 없었다. 그럴 때는 목사님이나 전도사님을 찾아가 기도를 받고 나면 안정을 찾고 다시 기도할 수 있었다. 기도하는 중에, 30분 일찍 출근하여 영업 시작 전에 기도하라는 마음을 주셨지만 무시

했다. 그렇게 한 달이 지나갔다. 목사님께 사업장 심방을 요청했다. 목사님이 오셔서 내게 필요한 말씀과 기도를 해주셨다. 하나님이 업무 시작 전에 기도하라는 마음을 주셨는데 안 하고 있다고 말씀드렸다.

"아이쿠 집사님, 성령님이 하시는 말씀 들어야 해요. 기도하세요."
"네."

이상한 일이었다. 그 후로 아무런 거부감 없이 일찍 출근하여 기도하게 된 것이다. 10분으로 시작해서 15분, 20분, 30분까지 기도했다. 시시때때로 틈날 때마다 성경 읽고 찬송가를 부르고 기도하며 마음의 평안을 얻었다.

그러는 중에도 옆에서 한 마디씩 툭툭 던지는 말에 심장이 '쿵'하고 내려앉으며 불안한 마음이 불쑥 올라왔다. 나에게 별 영향력이 없는 사람의 말에는 바로 평정심을 찾았다. 참 이상한 일은 그렇게 견디고 나면, 점점 더 의미 있는 사람들이 한마디씩 하는 것이다. 마음이 더 크게 흔들리고 회복하기도 어려웠다. 그렇게 감정이 롤러코스터를 타던 어느 날이었다. 그날도 일찍 출근하여 기도하고 성경을 읽었다. "두려워하지 말라 네가 수치를 당하지 아니하리라. 네가 네 젊었을 때의 수치를 잊겠고 과부 때의 치욕을 다시 기억함이 없으리니 이는 너를 지으신 이가 네 남편이시라 그는 온 땅의 하나님이라 일컬음을 받으실 것이라" 이사야 54장 4절, 5절 말씀을 읽는데 눈물이 펑펑 쏟아지면서 '아, 내가 살겠구나. 이 건물이 경매로 넘어가도 내가 망하지 않겠구나.' 하는 마음이 들었다. 그 말씀이 큰 위로가 되었다.

그때까지만 해도 내가 기도하면 그대로 다 이루어질 줄 알았다. 그런데 교회 장로님, 권사님도 부도가 나고 심지어 목사님이 사역하시는 교회도 문을 닫는 일이 있다는 게 떠올랐다. 그건 내가 기도해도 건물이 경매될 수도 있다는 뜻이다. 그러나 경매로 건물 주인이 바뀌어도 내가 완전히 넘어지지는 않겠다는 마음이 들었다. 성경 말씀으로 위로받고 한결 마음이 편안해졌다. 건물주도 이 문제 해결을 위해 백방으로 노력했으나, 경매가 시작된 지 거의 일 년 육 개월 만에 다른 사람에게 낙찰되었다. 건물주는 개인회생을 신청했지만, 이것마저 이루어지지 않았고 결국 파산했다. 임대보증금 팔천만 원이 공중에 날아갔다.

새 건물주와 계약해야 하는 상황이었다. 임대보증금을 마련할 방법이 없어서 엄마 이름으로 등기된 아파트를 담보하여 대출받아야 했다. 임대차계약서를 쓰려면 엄마에게 털어놓는 것 말고 다른 방법이 없었다. 혼자는 감당이 안 되어 여동생을 불렀다. 그간의 상황을 듣던 엄마는 "그 돈은 우리 돈이 아니었나 보다." 하시면서 담담히 받아들였다. 그동안 엄마가 이 일로 충격받지 않게 해달라고 얼마나 기도했던가? 감사했다. 경매가 진행되는 동안 처음에 알렸던 사람들 외에 누구에게도 말하지 않았다. 경매사건이 다 마무리된 후에 지인들에게 얘기했더니 오랜 시간 동안 어떻게 그렇게 평안하게 지낼 수 있었냐고 했다.

한집에 사는 엄마조차 눈치채지 못할 정도로 생각보다 잘 지냈다. 경매사건 이후에 겪었던 다른 일과 비교하면 이 평안함이 참 신기하다. 단골로 거래하던 설계사무소에서 제본하고 미결제한 금액이 삼백오십만 원쯤 되었다. 소규모 점포에서는 큰 금액이다. 주겠다는 말만 하고 계속 미루는 중에 담당 경리마저 교체되었다. 이러다 못 받을 수도 있겠다는 생각이 들었다. 잠이 안 오고 소화불량으로 병원에 다녀오기도 하며 힘든 시간을 보냈다. 팔천만 원과 삼백오십만 원은 비교도 안 되는 금액이다. 삼백오십만 원 때문에 생병

앓고 병원 신세를 진 것이다. 경매가 진행되는 동안에는 끊임없는 기도로 마음의 평안을 유지할 수 있었다.

연세대 김주환 교수는 그의 저서 『회복탄력성』에서 사람은 자신에게 닥치는 온갖 역경과 어려움을 이겨내고 도약의 발판으로 삼는 힘을 가지고 있다고 말한다. 회복탄력성이란 원래 있었던 제자리로 되돌아오는 힘이다. 심리학에서는 주로 시련이나 고난을 이겨내는 긍정적인 힘을 의미하는 말로 쓰인다. 그는 또 회복탄력성에 대해 이렇게 얘기한다.

"회복탄력성은 반드시 성공해야겠다는 강력한 의지를 지닌 상태가 아니다. 오히려 실패에 대한 두려움을 느끼지 않는 상태다. 자기 자신에 대한 깊은 성찰을 통해 자신의 행동에 대한 뚜렷한 목적의식과 방향성을 지니되, 그 목적 달성 여부에 얽매이거나 전전긍긍하지 않는 삶의 태도가 회복 탄력성을 가져온다." 나는 경매라는 역경 앞에서 그저 눈물만 흘리며 신세 한탄하지 않았다. 건물주가 잘 수습하여 원상태로 돌아가는 것이 가장 좋은 해결책이었지만 그렇게 되지 않더라도 성경 말씀과 기도로 모든 걸 견딜 만한 힘을 키웠다. 이 역경 후에 나는 정신적으로나 영적으로나 더 단단해졌다. 고난 앞에서 내가 할 수 있는 것을 하며 적극적으로 반응했기 때문이라고 생각한다. 고난에 어떻게 대처하느냐가 성장의 열쇠이다. 영국의 역사학자 아놀드 토인비는 "역사적으로 도전과 시련을 많이 겪은 나라일수록 더욱 강성해진다."라고 했다. 개인도 마찬가지다. 감당하기 힘든 두려움과 절망이 성장의 열쇠가 될 수 있음을 기억해야 한다.

오늘 아침에 사망했습니다

'사춘기도 모르고 지나간 착한 내 아들, 엄마가 고마워.'
전쟁 같았던 아들의 사춘기는 내가 만든 거였다.

 스무 살이 넘은 아들을 둔 부모라면 누구나
하는 걱정이 있다. 바로 군에 입대하는 문제다.
아들은 대학 일 학년을 마치고 휴학계를 냈다.
신체검사 결과 공익근무요원 판정을 받았다. 한 번도 떨어져
서 지내본 적이 없어서 불안했는데 다행이었다. 공익근무요
원은 근무할 기관과 소집 일을 확인하여 자신이 원하는 곳에
신청하면 된다. 2차까지 지원할 수 있었다. 2014년 봄에 소
집되는 것으로 신청하는 날이었다. 당연히 합격 되었을 것으
로 생각했다. 퇴근해서 합격 여부를 물어보았다.

"엄마, 신청 못 했어."
"왜?"
"신청 시작하는 그 시간에 할머니가 밥 먹으라고 해서."

"그게 왜?"

"밥 먹고 와보니까 마감됐어."

"그게 무슨 말이야?"

"선착순이래."

"그럼 신청하고 밥을 먹었어야지!"

"그런 줄 몰랐지."

답답하고 짜증이 났지만 어쩔 수 없는 노릇이었다. 그다음에는 자신이 원하는 곳에 자리가 없어서 신청을 안 했다는 등 핑계를 대며 속을 태웠다. 미루고 미루다 결국 아들은 1차 부평구청, 2차 교육청에 지원했는데 부평구청에 합격했다. 날씨가 좋은 10월쯤 갔으면 좋겠다고 생각했는데 2014년 11월 27일 입소하라는 통지서를 받았다. 날씨가 춥고 눈이라도 오면 더 힘들 것을 생각하니 마음이 아팠다. 입소일이 다가올수록 나는 더 초조해졌다. 여동생 가족과 아들이 좋아하는 나의 사촌 동생을 불러 함께 저녁을 먹었다. 특별히 준비랄 것도 없지만 나는 그렇게 마음의 준비를 했다.

2014년 11월 24일 아침이었다. 출근하여 가게에 막 들어가려고 하는데 모르는 번호로 전화가 왔다. 안 받으려다가 혹시 고객일지 몰라서 받아보았다.

"여보세요?"

"여기는 OO 경찰서입니다. OOO 씨 부인이시죠?"

"네."

대답하면서 그 짧은 순간에 온갖 생각이 스쳐 갔다. '술 마시고 사고 쳤나? 누구랑 시비가 붙었나? 사고가 나서 심하게 다쳤나?' 내 예상은 완전히 빗나갔다.

"OOO 씨 오늘 아침에 사망했습니다. 오랫동안 별거 중이라고 들어서 제가 대신 전화 드렸습니다. 시신은 OO병원에 안치되어 있으니 조문하려면 거기로 가시면 됩니다."

이건 또 무슨 마른하늘에 날벼락이란 말인가. 이른 아침에 가족도 아니고 경찰관에게서 그 말을 들으니 화가 났다. '그래도 아이 낳고 8년을 살았는데……. 서류상 이혼도 안 했는데……. 이렇게 남처럼 대하려면 기분 좋은 소식도 아닌데 오후에 말해도 되지 않나? 뭐가 급해서 이른 아침에…….' 나를 무시하는 것 같아서 시댁 식구들에게 화가 났다. 그날은 아이가 논산훈련소 입소하기 사흘 전이었다. 아이는 중학교 3학년 이후 연락 한번 한 적 없는 아빠의 장례를 마치고 훈련소로 향했다. 여섯 해 동안 목소리도 들어본 적이 없는 아빠의 사망 소식에 아들은 어떤 마음이었을까? 속마음을 잘 드러내지 않는 아이라 무슨 생각을 하는지 도통 알 수 없었다. 남편은 아들이 고등학교에 입학해도, 대학에 가도 문자 한 통 없었다. 남편의 죽음을 훈련소 입소하기 사흘 전, 그것도 경찰관의 입을 통해 들었을 때 나는 심한 배신감을 느꼈고, 화가 나서 미칠 지경이었다. 살고 죽는 것이 사람 마음대로 되는 것은 아니지만 너무하다 싶었다.

아들에게 아빠의 죽음을 알리고 의사를 물으니 장례식장에 가겠다고 했다. 화가 난 마음을 뒤로한 채, 다음 날 아침 일찍 아들을 데리고 장례식장으로 갔다. 아들의 손에 조의금을 들여서 장례식장에 들어가는데 만감이 교차했다. 남편이 스스로 아들을 보지 않겠다고 했지만, 얼마나 보고 싶었을까? 서로가 6년 동안 그리워하고 또 그리워하며 보고 싶었을 텐데, 이런 모습의 만남에 내 마음은 찢어질 듯 아팠다. 평범한 가정이었으면 아들이 상주 노릇을 하는 게 당연하다. 그러나 우리는 특수한 상황이었다. 나는 아들에게 상복을 입히고 싶지 않았다. 6년 동안 무심했던 시댁 식구들 앞에 아들을 두고 싶지 않았다. 아침 일찍 조용히 조문을 마치고 집으로 돌아오고 싶었다. 문상 온 누구와도 마주치고 싶지 않았다.

우리가 도착하니 시댁 식구들은 반갑게 맞아주었다. 반갑다고 표현하는 게 어울리지 않지만 나는 그렇게 느꼈다. 형님과 작은 시누이 외에는 아무도 나에게 말을 걸지 않았다. 미워하는 마음과 미안한 마음이 한데 섞였을 것이다. 모른 척해 주는 것이 나는 더 편했다. 큰고모부가 아들에게 하는 말이 들렸다. "00아, 미안하다. 아빠가 너를 안 챙겨도 우리라도 챙겼어야 했는데 미안하다. 우리가 너무 무심했어. 그리고 오늘 와줘서 고맙다." 그 말이 야속하면서도 고마웠다. 나중에 아들한테 들으니 할머니도 자신에게 미안하다고 했단다.

우리가 도착했을 때 시댁 식구들은 남편의 입관에 대해 의논하고 있었다. 입관하는데 아들이 함께하기를 원했다. 아주버님이 "입관할 때 아들인데 있어야 하는 거 아니야?"라고 했다. 아들에게 입관에 관해 설명해 주고 들어가서 보겠느냐고 물어보니, 그러겠다고 했다. 입관에 참여하겠다고 했지만, 불안한 표정이 역력했다. "엄마가 같이 가줄 테니까 너 하고 싶은 대로 해. 중간에 못 보겠으면 엄마한테 말해. 그러면 엄마가 너 데리고 나올게." 그제야 좀 안심하는 눈치였다. 입관하며 아들은 잠시 상주가 되었다. 상조회사에서 나온 장례지도사가 "유가족들 마지막으로 고인 한 번 만져 보세요."라고 했다. 아들에게 또 말했다. "상주니까 아버지 한번 안아주세요." 싸늘하게 식은 아빠를 아들이 조심스럽게 안아주고 있었다. 그 모습을 보니 심장이 칼에 베인 듯이 아팠다. 그렇게 입관을 마치고 우리는 집으로 돌아왔다. 다음 날 발인 때도 나는 아들에게 물었다.

"아빠 발인 때는 어떻게 할래? 승화원이 집에서 가까우니까 가겠다고 하면 장례식장 안 가고 바로 데려다줄게. 화장할 거야. 그 모습이 마지막이야. 다시는 못 봐. 너 하고 싶은 대로 해. 엄마는 거기에 따를게."
"엄마, 못 가겠어."
"왜? 후회하지 않을까?"
"마음이 아파서 못 보겠어."

아들의 그 말에는 말로 표현하기 어려운 그 모든 것이 들어 있었다.

3일 후, 모든 아픔을 가슴에 품고 훈련소로 들어가는 아들의 뒷모습을 보면서 마음이 찢어지는 듯 고통스러웠다. 군대 보내는 부모 마음이야 다 같겠지만 나는 참담했다. 공익근무라 4주 훈련을 마치면 집에 올 텐데도 걱정이 이만저만이 아니었다. 생소한 환경에서 낯선 사람들과 잘 지낼 수 있을지도 걱정이었지만, 아빠의 죽음에 대한 심적 압박을 견딜 수 있을지 노심초사였다. 우려와 걱정 속에 아들은 훈련을 마치고 무사히 내 품으로 돌아왔다. 이후 부평구청에서 2년간의 공익근무를 마쳤다.

아들이 초등학교 3학년 때의 일이다. 저녁에 퇴근하니 아들이 옆에 와서 앉는다. "엄마, 오늘 선생님이 가정통신문 주셨는데 아빠가 학교 오는 거야. 나는 아빠가 못 오니까 가정통신문을 휙 버리고 왔어."하는데 마음이 미어졌다. 초등학교 1학년 여름부터 아빠와 함께 살지 못했다. 이후로 아들은 내 앞에서 아빠에 대한 말을 일절 하지 않는다.

"친구들이 엄마 아빠랑 같이 외식하는 거 부럽지?"
"응."
"우리도 다시 아빠랑 같이 살까?"
"근데 엄마, 아빠랑 또 싸울 거야?"

"조심은 하겠지만 싸울 수도 있지."

"그럼 지금처럼 할아버지, 할머니, 엄마랑 살래."

내 착한 아들은 이후로 아빠에 대해 한마디도 언급하지 않았다. '사춘기도 모르고 지나간 착한 내 아들, 엄마가 고마워!' 전쟁 같았던 아들의 사춘기는 내가 만든 거였다. 나 스스로 감정을 조절하지 못하고 아들에게 화풀이했다. 아들을 독립된 인격체로 존중하지 않고 내 맘대로 하려고 했다.

어린 아들은 내가 준 상처로 마음의 문을 닫아버렸다. 그랬던 아들이 성인이 되어 지난날의 많은 아픔에도 불구하고 원망하지 않고, 조금씩 마음을 열고 얘기하기 시작했다. 미안하다. 고맙다. 다행이다. 앞으로도 계속 착하게 있어 줘.

미안하고 고마워……. 엄마가.

엄마가 미안해

새벽예배 나가서 기도하면서
이 아이와 나는 다를 뿐이라는 걸 깨닫게 되었다.

나는 결혼하고 일 년 후에 아이를 갖자고 했다. 남편도 동의했지만 허니문 베이비로 아이가 생겼다. 결혼하고 얼마 안 되어 몸살이 오는 것처럼 몸이 으슬으슬 추웠다. 심해지지도 않으면서 같은 증상이 2주 정도 계속되었다. 그즈음 친구를 만나서 내 상태를 말했다.

"너 임신한 거 아냐?"

"응? 설마."

"약국에 가서 임신테스트기 사서 한번 해 봐."

"나 창피해서 못 사."

"그게 뭐가 창피해, 내가 사줄까?"

"응."

다음 날 아침 친구가 사준 임신테스트기로 검사해 보았다. 너무나도 선명한 빨간 두 줄을 보는 순간, 기쁘기보다는 너무나 당황스러웠다. 남편을 향해 원망하는 마음도 들었다. 아직 엄마가 될 마음의 준비가 안 되어 있었기 때문이었다. 내 반응 때문이었는지 남편도 아무 말이 없었다. 열 달, 임신 기간 내내 입덧을 했다. 더군다나 양쪽 사랑니까지 번갈아 올라오면서 통증이 심했다. 임신 중이라 치과 치료를 받을 수 없어 가글로 견디는 수밖에 없었다. 사랑니가 조금씩 올라올 때마다 참을 수 없는 통증 때문에 잠을 설쳤다. 설상가상으로 원래부터 약했던 허리가 임신 7개월쯤부터는 무리가 되었는지 허리를 송곳으로 찌르는 것처럼 아팠다. 임신 기간에 입덧과 사랑니, 허리통증 때문에 몸과 마음이 지칠 대로 지쳤다.

분만 예정일 2주일을 앞두고 병원에서는 자연분만이 어렵겠다고 했다. 굳이 자연분만하겠다고 하면 시도는 하겠으나, 하다 안 되면 수술해야 한다고 했다. 남편에게 얘기했더니 고생하지 말고 제왕절개로 아이를 낳자고 했다. 예상대로 아들이었다. 아들을 원했던 남편이 무척 좋아했다. 갓난아이답지 않게 얼굴이 매끈하고 예뻤다. 손가락 마디에 솜

털이 보송보송 난 것이 신기했다. 이렇게 예쁘고 깨질 것 같은 갓난아이는 세상에 나온 후 사흘 만에 소아과를 다녀왔다. 그것을 시작으로 몸이 약한 아들은 한 달에 이십일 이상 병원에 다녔다. 아침 일찍 아들을 업고 집을 나서면 동네 아주머니들이 병원에 출근 도장 찍으러 가냐고 할 정도였다.

아들의 병치레가 잦으니 나는 육체적으로 너무나 고단했다. 거기다 남편과의 불화 때문에 엄청난 스트레스를 받고 있어서 아이를 양육하는 것이 큰 짐처럼 느껴졌다. 그때를 생각하면 가슴이 찡해온다. 아들에게 미안하고 또 미안하다. 부모 될 자격이 없었던 우리 부부는 아들 마음을 살피기보다는 각자 자신을 내세우며 싸우기 바빴다. 우리의 갈등이 깊어질수록 아이는 천덕꾸러기가 되었다. 아들이 어떤 영향을 받을지는 안중에 없었다. 어릴 적 내 부모님에게 받은 상처를 아들에게는 대물림하지 않겠다고 다짐했는데 더 못난 엄마가 되었다.

사춘기로 접어들면서 아들은 안드로메다에서 온 것 같았다. 아들이 하는 모든 것이 마음에 들지 않았다. 컴퓨터 앞에 앉아서 게임 하는 것이 보기 싫어서 잔소리하면 TV를 봤다. TV 보는 것을 야단치면 마지못해 책상 앞에 앉았다. 나는 그게 또 불만이었다. "책상 앞에 앉았으면 공부 좀 해라." 잔소리는 끝없이 이어졌다. 어느 날 아들이 말했다. "엄마 나는 형제가 없잖아. 게임 안 하고 텔레비전 안 보면 혼자 뭐 해? 누구랑 놀아?" 아차 싶었다. 그러나 미안한 마음도 잠시뿐이고 다시 잔소리로 이어졌다. 미성숙했던 당시를 생각하면 미안하기 짝이 없다.

그나마 다행인 건 네 살 무렵부터 친정에 들어와 살게 되어 외할아버지, 외할머니의 사랑을 듬뿍 받을 수 있었다는 점이다. 친정아버지는 첫 손주여서 그런지 무한 사랑을 베풀었다. 무뚝뚝하기 그지없던 분이 직접 외손자의 옷과 장난감을 사다 주셨다. 필요하다 싶으면 조르기 전에 이미 내 아들 손에 들려있었다. 내 여동생이 "00이는 할아버지의 영원한 왕자야."라고 말할 정도였다.

나는 아들이 내 말을 안 듣는 것이 아버지의 무조건적 사랑 때문이라며 원망했다. 그러나 아버지 장례식장에서 '아들아, 엄마 아빠도 주지 못한 사랑을 주시던 할아버지가 이제 안 계시는구나. 무슨 일이 있어도 네 편을 들어주던 한 사람이 없어졌네.' 하는 생각이 들어 안타까웠다. 할아버지의 무한 사랑이 없었더라면 아들이 어떻게 되었을지 생각하기도 싫다.

아들이 세상에 나가서 사람 구실이나 할 수 있을지 걱정되었다. 남자아이들의 사춘기 특성을 몰라 잔소리와 체벌이 끊이지 않았다. 아들의 훈육으로 시작한 잔소리는, 점점 내 화풀이로 바뀌었다. 그러면 한두 시간이 훌쩍 흘러갔다. 그래도 아들은 자리를 떠나지 않고 다 듣고 있었다. "다음부터 잘하고, 일어나 씻고 자라."라는 말이 있을 때까지 끝까지 들어주었다. 대들지 않아서 고마웠다. 내 아들을 부족하다고만 여기고 있을 무렵, 속회예배를 드리며 아들에 관한 생각이 바뀌기 시작했다. 다른 집도 사춘기 아이들 때문에 힘들어한다는 걸 알게 되었다. 내 아들만 안드로메다를 다녀온 것이 아니었다.

소아정신과 의사 '김영화'는 저서 『사춘기 뇌가 위험하다』에서 이렇게 말한다. "사춘기는 뇌가 발달하는 시기다. 그중에서 가장 활발하게 발달하는 부위는 뇌의 가장 앞에 있는 전두엽이다. 전두엽은 충동을 억제하고 참을성을 키우며 곧장 후회하게 될 행동을 하지 않도록 브레이크 거는 역할을 한다. (중략) 한편 전두엽은 또 다른 중요한 역할을 가지고 있다. 바로 부적절한 행동을 하지 못하도록 막는 역할이다. 1949년 포르투갈의 의사 에가스 모니스는 전두엽 절제 수술을 통해 전두엽이 충동적인 행동을 조절한다는 사실을 증명하고 노벨 의학상을 받은 바 있다. 모니스는 당시 어떤 치료로도 고칠 수 없었던 데다 난폭한 행동을 보이는 환자들을 뇌수술로 치료했다. 하지만 현재에는 뇌 과학과 약학이 발달하면서 매우 위험하고 힘든 수술로 알려진 전두엽 절제 수술은 하지 않는다."

　　최근 사춘기 부모 상담전문가 '다함다행'님의 강의를 들으며 사춘기 아이들을 좀 더 이해할 수 있게 되었다. 사춘기 아이들을 보면서 "생각이 있는 거야, 없는 거야?" 할 때가 많이 있는데, 전두엽이 덜 발달하여 사실적으로 아이들은 생각이 없다고 한다. 사춘기 때는 질풍노도의 시간을 보내다가도 그 시기가 지나면 언제 그랬냐는 듯이 말짱해지는 게 다 전두엽 때문이다. 내 아들만의 문제는 아니었다. 사춘기 자녀가 있는 가정에서는 누구나 겪는 일이다. 당시에는 이런 과학적 상식이 없었기에 '쟤 왜 저러지?'라는 생각을 수도 없이 했었다.

새벽예배 나가서 기도하면서 이 아이와 나는 다를 뿐이라는 걸 깨닫게 되었다. 내 가치관과 맞지 않는 것을, 아이가 틀렸다고 생각했는데 이는 잘못된 나의 고정관념이었다. 술, 담배 안 하고 불량학생과 어울려 다니지 않았고, 학교 마치면 집으로 바로 오는 착한 아이였다. 아들의 좋은 점은 당연하게 여기고 부족한 부분만 보고 잘못된 것으로 여겼다.

　아들 때문에 내가 진흙탕에서 뒹구는 것 같았다. 아들만 없으면 날아다닐 것 같았는데 그게 아니었다. 아들 때문에 어렵고 힘든 시간을 버텨낼 수 있었다. 못된 유혹이 손짓할 때마다 '아이에게 할 말 없는 엄마는 되지 말아야지.' 하며 마음을 다잡았다. 아들은, 내가 세상을 살아가는 힘의 원동력이었다.

　내 소유물이 아니라 우리는 모두 하나님의 자녀다. 내 눈에 부족해 보이는 아들도 하나님에게는 천하보다 귀한 한 생명이다. 내가 가장 잘 보살펴 줄 것 같아서 내게 보낸 아들을 천덕꾸러기로 만들었다. 정말 착해서 마마보이처럼 내 말을 잘 들었다면 아이가 행복했을까? 사십 대의 가치관을 가지고 어떻게 십 대를 보낼 수 있겠는가? 세대 차이가 나는 건 당연했다. 돌이켜보니 아이는 옳았고 나는 틀렸다.

지금 아들은 앞이 보이지 않는 터널을 지나가고 있다. 긴 침묵의 시간이 아무것도 아닌 것 같아도, 언젠가 하나님이 이 아이를 사용하시는 그날에 그를 빛나게 해줄 거라고 믿는다. 이제 조급한 마음 내려놓고 나는 아들의 때를 기다리고 있다. 나에게 있었던 고통의 시간이 당시에는 견디기 힘들었지만, 그 모든 시간이 현재와 연결되어 있다. 그때의 모습으로 인해 지금의 내가 있는 것이다. 다시 돌아가고 싶지 않은 시간이지만 나를 여기까지 이끌어준 유익한 시기였다.

"아들, 많이 사랑하고 많이 미안해."

3장
인생의 티핑포인트

삶은 보는 각도에 따라 달라 보인다.
슬픔에 휘둘리지 않고 나로 살아가는 방법

삶을 바꾼 독서의 힘

진정한 자신을 발견하기 위해서는 전투적으로 책을 읽을 필요가 있다. 누군가를 앞서기 위해, 남들보다 잘살기 위한 독서가 아닌 자신이 행복하기 위한 책 읽기가 되어야 한다. 그래야 어느 날 느닷없이 닥친 어려움에서 길을 찾을 수 있다. – 김시현 『독서로 세상을 다 가져라』 中

경매사건이 마무리되어 어느 정도 안정을 찾을 즈음 정권이 교체되었다. 또 다른 시련이 시작되었다. 최저시급이 급격히 인상되어 여기저기에서 실업자가 늘었다. 서민 경제가 안 좋아지는 것을 누구보다 가까이 느낄 수 있었다. 설상가상으로 코로나까지 겹쳐 매출이 곤두박질쳤다. 회복의 기미가 안 보였다. '앞으로는 지금보다 상황이 더 안 좋겠지? 나는 이 일을 계속해야 할까? 아니 계속 해도 될까?' 불안했다. 불투명한 미래는 공포 그 자체였다. 문득문득 '내가 왜 여기 있는 걸까?'라는 생각이 들고, '그냥 회사나 다닐걸'하는 후회가 밀려오기도 했다. 조언을 구할만한 사람이 있으면 좋겠다고 생각하면서도 한편으로는 누군가에게 내 어려움을 드러내는 것이 싫기도 했다. 이러지도 저러지도 못하고 혼자 끙끙 앓고 있었다. 매일 똑같은 일상 속에서 우울감은 감당할 수 없게 커갔다. 그렇다고 마냥 손 놓고 있을 수도 없었다. 뭐라도 해야겠다고 생각해보지만 새로운 걸 시도할 용기도 없었고, 무엇을 배워야 할지도 몰랐다. 미로에 갇힌 기분이었다. 목적도 방향도 없었다. 어디로 가야 할지 갈피를 잡을 수 없었다. 주어진 환경에서 열심히 사는 방법 외에 다른 길은 없어 보였다. 내가 절망할수록 다른 사람들은 더 많이 행복해 보였다. 나만 빼고 모두 잘살고 있는 것 같았다.

내 정신적 버팀목은 하나님이었다. 기독교 관련 책을 읽고, 유튜브와 기독교 방송 TV를 보았다. 성경을 읽고 찬송가를 불렀다. 집과 교회, 가게 이 세 곳이 내 행동반경의 전부였다. 내가 만나는 사람은 대부분 교회 성도들이었다. 당시 신앙 안에서 좋아하던 전도사님이 있었다. 나이는 어려도 하나님을 전하는 말씀이 좋았다.

우연한 기회에 그 전도사님의 네이버 블로그에서, 블로그 서점에 올려놓은 서평을 읽었다. 독서경영컨설턴트 박상배의 『본깨적』이었다. 제목이 무엇을 뜻하는지 서평을 읽어도 무슨 내용인지 이해가 안 되었다. 다만 좋은 책이고 강력하게 추천한다는 마지막 문장이 내 마음에 큰 울림을 주었다. 이 전도사님이 추천하는 책이라면 믿고 읽어도 되겠다 싶었다.

도서관에서 책을 대출했다. 사업에 실패하고 장애가 있는 아이의 병원비를 낼 수 없는 현실 앞에 좌절한 저자는, 한강에서 극단적 선택을 하려고 했다. 마지막 순간에 "지금보다 빚이 열 배가 많아도 좋으니 옆에 있어 줘요."라는 아내의 문자 메시지를 받고 집으로 돌아왔다. 그는 살기 위해 책을 읽기 시작했다. 자신과 같은 절망의 구렁텅이에서 빠져나온 이들의 삶을 배우고 실천했다. 그리고 그의 삶이 변화되었다. 이런 자신의 경험을 글로 옮겨 쓴 책, 『본깨적』에서는 책 읽는 방법을 세 가지로 제시한다. '본깨적'은 책을 본다, 깨닫는다, 적용한다는 뜻이다.

이 책을 읽고 뒤통수를 세게 맞은 것처럼 머리가 띵했다. 한동안 멍하게 지냈다. 책이 사람을 변화시킬 수 있다는 것을 그제야 처음 알았다. 나는 책을 읽으면 다르게 살 수 있다는 사실 자체를 몰랐다. 어릴 때부터 책을 꾸준히 읽었시만 내 삶에는 변화는 없었다. 그것이 더 큰 충격이었다. '남들은 책에서 인생 역전의 길을 찾는데 나는 뭐지?'라는 생각이 들었다. 가만히 들여다보니 책으로 삶을 변화시키는 사람과 나의 책 읽기는 달랐다.

나는 책을 성장의 도구로 삼지 않았다. 소설, 수필, 시집을 그저 취미로 읽었다. '나 이런 책 읽었다' 하는 어느 정도의 지적 허영심도 있었다. 반면 그들은 죽기 살기로 치열하게 읽었다. 내가 생각하는 자기계발서는 성공한 이들이 자기 자랑하는 책이었다. 한마디로 재수 없었다. 다들 성공할 수밖에 없는 한 가지 이상의 강점이 있고, 나에게 없는 특별한 것이 그들에게 있다고 생각했다.『본깨적』을 읽으며 그런 생각이 일순간에 무너졌다. 그들도 자신이 가진 장점을 알지 못했던 나와 같은 루저였다. 도전과 실패를 거듭하며 무엇을 잘하는지 발견한 것이지 처음부터 알았던 것이 아니다.

'책으로 사람이 변할 수 있다는데 나도 한 번 해보자'라는 마음이 생겼다. 책을 읽는 마음가짐을 달리했다. 성장을 위해 자기계발서, 실용서 위주로 무작정 읽었다. 몇 권을 읽다 보니 제대로 된 독서법을 알아야 책 내용을 온전하게 내 것으로 만들 수 있을 것 같았다. 독서법 관련 책을 수십 권 읽었다. 그렇게 한 분야를 파고들었더니 독서법에 관해서는 준전문가 수준이 되었다.

책을 읽을수록 내가 아프다는 것을 알게 되었다. 초등학교 때 서울로 전학 와서 적응하기 힘들었고, 대학입시 실패로 크게 낙담했다. 고등학교 졸업하고 결혼하기 전까지 아버지와 함께 일하는 것이 적성에 맞지 않아 고단했다. 철없는 생각으로 했던 결혼은 실패로 끝나고 혼자 아들을 키우는 것이 힘에 겨웠다. 마음이 깊은 상처투성이였다. 내 아픈 것을 남에게 드러내기 싫어서 늘 괜찮은 척하며 살다 보니 정말 아프지 않은 것으로 착각하며 살았다.

아픈 나를 치유하기 위해 마음치유와 관련된 책을 읽었다. 내가 바라던 삶에서 자꾸만 어긋나는 것이 외부요인 때문이라 생각했는데 아니었다. 모든 원인은 나에게 있었다. 나를 사랑하지 않고 나에 대한 믿음이 없었던 게 문제였다. 실패한 나, 부족한 나, 찢어지고 깨어진 나도 사랑해야 하는 존재였다. 외면하고 싶었던 못난 나를 마주하는 건 힘든 일이었다. 그 모든 것이 '나'라는 걸 인정하기 어려웠다. 내가 살아온 인생 전체를 부정당하는 느낌이 들어 자존심이 상했다.

내 안에 꼭꼭 숨겨두었던 상처투성이인 나를 세상으로 밖으로 데리고 나와야 했다. 루이스 헤이의 『치유』에 이런 글이 있다.

"인생을 즐기며 살고 싶으면 즐거운 생각을 해야 한다. 성공한 인생을 살고 싶다면 성공하는 생각을 해야 한다. 사랑하며 살고 싶으면 사랑하는 생각을 해야 한다. 우리가 가슴속으로 생각하거나 입으로 소리내어 말하면 그대로 이루어진다."

그런데 나는 원하는 삶과 정반대의 생각을 하며 살고 있었다. 어려웠던 지난 과거에 얽매여 늘 부정적으로 생각하고 말하며 인생 낙오자처럼 살았다. 다르게 살기 위해서는 다르게 생각하고 말하고 행동해야 한다는 걸 배웠다.

모아둔 재산도, 물려받을 유산도 없고 능력이 출중하지도 않고, 이 나이에 무엇을 시작하는 것도 부질없다고 생각했다. 시작하기엔 너무 늦었다는 말을 입에 달고 살았다. 내가 할 수 있는 것이 아무것도 없다는 현실에 절망했지만, 책을 읽으며 알았다. 시작한다는 것은 늦고 빠름의 문제가 아니었다. 묻지도 따지지도 말고 일단 시도해야 한다. 실패한 인생이라고 여겼던 과거의 망령에서 벗어나기 위해 어두웠던 지난날의 상처를 싸매고 보듬어 주었다.

그제야 조금씩 편안해졌다. '나는 뭘 해도 안 될 거야. 너무 늦었어.'와 같은 부정적인 생각에서 벗어날 수 있었다. 다른 사람이 나를 어떻게 보느냐가 아니라 내가 어떻게 생각하는지가 중요하다는 것도 알게 되었다. 마음에 들지 않아도 타인의 시선 때문에 늘 '예스'를 외쳤었는데, 내 인생에서 제일 중요한 건 바로 '나'라는 사실을 비로소 깨달았다. 지난날을 자책하지 않기로 했다. 그 시절에도 나는 최선을 다해 살았다. 다만 올바른 방법을 몰랐을 뿐이다.

너무 늦은 때란 없다는 것을 몸소 보여 준 이들이 있었다. 92세에 베스트셀러 시집을 낸 일본의 "시바다 도요" 할머니가 있고, KFC 창업자 커넬 샌더슨은 65세가 넘는 나이에 천 번 이상의 거절을 당해도 굴하지 않고 성공한 사업가가 되었다. 올해 102세가 된 김형석 교수님은 한 인터뷰에서 65세에 철이 든 것 같다고 하며, 75세 때에도 여전히 한창 좋은 때라고 했다. 노(老)교수님에 따르면 나는 아직 철이 덜 들었고 전성기를 맞이하지 않았다.

나는 아직 늦지 않았다 지금 하지 않으면 5년 후에는 오늘 시작하지 않은 것을 후회하고 있을 것이다. 지금도 충분히 빠르단 것을 알고 나니 자신감이 생겼다. 생각을 바꿨더니 다른 세상이 보였다. 전에는 젊은이들의 가능성이 부러웠다면 이제는 늦은 나이에도 불구하고 새로운 일에 도전하는 이들이 부럽다. 유튜브에서 활동하는 크리에이터 박막례 할머니를 모르는 사람은 없을 것이다. 언니들이 치매로 고생하는 것을 본 박 할머니는 자신도 그렇게 될 것 같아 두려워했다. 이를 본 손녀가 할머니와 추억을 쌓기 위해 할머니의 나이 71세에 유튜브를 시작했다. 이후로 손녀와 함께 두 권의 책을 발간했고, '배달의민족'에서 생방송으로 "박막례 떡볶이"를 판매하기도 했다.

이들을 보며 꿈이 생기고 목표가 생겼다. 내가 노력하면 이룰 수 있다는 것을 알고 나니 이것저것 하고 싶은 것이 생겼다. 어떻게 해야 꿈을 이룰 수 있을지 시시때때로 생각하며 방법을 찾고 있다. 물론 처음부터 일사천리로 잘 된다고 생각하지 않는다. 사람들이 말하는 실패도 할 것이다. 하지만 그건 실패가 아니다. 그저 내가 꿈을 향해 가는 길에 당연히 거쳐야 하는 과정 중 일부일 뿐이다. 넘어지는 것이 실패는 아니다. 다시 일어나 걸어가면 된다.

하나님이 살아계심을 증거 하는 삶을 살고, 나처럼 중년 이후의 삶이 절망스러운 이들을 위로하고 용기를 내게 하는 일을 하고 싶다. 지금 내가 가진 스펙으로는 어림도 없는 일이지만 그 꿈을 이루기 위해 나는 책을 쓰기로 했다. 나를 세상에 알릴 도구로 책 쓰기를 선택했다. 책이 매개체가 되어 강의하고, 상담하는 내가 될 것이라고 기대한다. 생각만으로도 행복하다. 이 글을 읽으며 나와 같은 상황에 있다면 나는 이 말을 꼭 해주고 싶다.

"삶이 빡빡하세요? 책을 읽어 보라고 감히 권합니다. 제가 경험하고 있는 이 행복과 편안함을 여러분도 경험하셨으면 좋겠습니다. 마지막이라 생각하고 죽을힘을 다해 읽어 보세요. 상황은 아무것도 나아지지 않은 것 같아도, 헤쳐 나갈 방법이 보이고 희망이 보일 거예요. 여러분이 꿈꾸던 그날이 반드시 찾아올 거예요."

행복은 맛있다

힘들 땐 힘들다 말하세요!
그 힘듦이 실패는 아니에요.
단지 조금 힘든 시간을 지나가고 있을 뿐이에요.

코앞에 닥친 시련이 어느 순간에 나를 덮칠지, 또 언제 끝날지 알 수 없을 때 사람들은 불안해한다. 나는 십 대에는 대학 입시 때문에 불안했다. 이십 대에는 내가 살아가야 할 앞날에 대한 두려움으로 빨리 서른 살이 되고 싶었다. 서른이 되면 결혼하고 아이를 낳아 안정적으로 살 줄 알았다. 그건 나의 착각이었다. 결혼을 도피처로 삼았던 게 잘못이었다. 육아도 힘들었지만, 남편과 좋지 않은 관계가 나를 더 지치게 했다. 삼십 대엔 별거, 사십 대엔 사춘기 아이를 이해하지 못해 힘들었다. 자영업을 시작한 것도 사십 대였다. 오십 대가 되어도 불안한 것은 변함이 없었다. 다람쥐 쳇바퀴 도는 것처럼 그저 그런 날들의 연속이었다.

이 불안에서 벗어나 지금까지와는 다른 삶을 살고 싶었다.

독서가 삶을 변화시킬 수 있다고 하여 책을 읽었다. 그러나 여전히 내 인생은 변한 것이 없었다. 나를 불안하게 하는 것이 모두 그대로였다. 아무런 희망이 보이지 않았다. 책을 읽어도 변하지 않는 나를 보며 죄책감과 함께 조바심이 났다. 그래도 포기할 수 없었다.

변화된 삶을 꿈꾸며 꾸준히 책을 읽었다. 독서가 내 마지막 보루였다. 살기 위한 생존법으로 독서를 택했다. 처음에는 책만 읽으면 무조건 삶이 변하는 줄 알았기에 이것저것 닥치는 대로 읽었다. 신세계가 열린 건 맞지만 독서 후에 남는 게 없었다. 책 내용을 체화하기 위해서는 올바른 독서법이 필요하다는 생각에 독서법에 관련된 책을 읽었다. 그러면서 차츰 자기계발에 눈이 뜨였다.

책꽂이에서 칠 년 전에 샀던 김주환 교수의 『회복탄력성』을 발견했다. 그 책을 살 때는 많은 사람이 자기계발을 하고 있다는 것을 몰랐었다. 아니 자기계발이란 것 자체를 몰랐다. 그런데도 집에 책이 있는 것을 보니 당시에 베스트셀러였나 보다. 『회복탄력성』은 제목부터 말랑말랑하지 않은데 '시련을 행운으로 바꾸는 유쾌한 비밀'이라는 부제 때문에 샀던 것 같다. 많은 사람이 선택한 책이니 당연히 좋은 내용이고 나를 위로해 줄 것으로 예상했는데 빗나갔다. 수필처럼 감성적으로 위로하는 책이 아니었다. 프롤로그도 다 읽지 않고 덮어두었던 책이다. 이랬던 책이 나를 유혹하고 있었다. 청개구리가 다리를 최대한 크게 벌리고 장애물 위로 올라가려고 애쓰는 모습이 그려진 표지만 봐도 내용을 짐작할 수 있었다. 시련 극복에 관한 내용일 거라는 나의 예상이 맞았다. 앞에서도 말했지만 회복탄력성은 역경을 극복하는 힘이다. 이 책 2장에 각자의 회복탄력성 지수를 측정할 수 있는 'KRQ-53 테스트'지가 있다. 자기조절능력, 대인관계능력, 긍정성 이 세 가지 점수의 총합이 각자의 회복탄력성 지수이다. 우리나라 사람들 평균 점수는 195점이다. 170 이하는 깨지기 쉬운 유리 같은 존재이고 220점이 넘으면 회복탄력성이 아주 높은 사람이라고 한다. 떨리는 마음과 두려운 마음을 가지고 하나하나 정성스럽게 체크한 뒤 점수를 계산해 보았다. 나의 회복탄력성 지수는 196점으로 간신히 평균을 넘었다.

그동안 견디기 힘든 일을 많이 겪은 것에 비해 높은 점수라고 생각했다. 이 테스트에서 나는 아주 중요한 사실을 알게 되었다. 회복탄력성을 구성하는 세 가지 요소 중 긍정성의 점수가 다른 요소보다 현저히 낮았다. 긍정성은 자아낙관성, 생활만족도, 감사하기 이렇게 세 가지로 나뉜다. 그중에서 생활만족도 점수가 형편없었다. 25점 만점에 9점이었다. 생활만족도를 제외하고는 모든 요소에서 평균보다 훨씬 높은 점수를 받았다. 생활만족도는 행복의 기준이라 할 수 있는 '삶에 대한 만족도'를 말한다. 당시 나는 행복하지 않았다. 행복이 무엇인지조차 모르던 시절이었다. 행복하지 않으니 생활만족도 점수가 낮은 것은 당연한 결과였다. 그런데도 나는 크게 충격을 받았다. 내 운명이라 생각하며 받아들였기에 현실에 대해 만족감이 없다는 걸 인식하지 못하고 있었다. 사는 게 참 빡빡하고 힘들다는 생각뿐이었다.

나의 회복탄력성 지수를 알고 나니 무엇을 해야 하는지가 보였다. 병을 치료할 때에도 정확한 진단이 가장 중요하다. 아무리 좋은 의료기술과 장비가 있더라도 오진하게 되면 치료가 어려워진다. 삶을 바꾸고 싶어도 그렇게 못했던 이유도 여기에 있었다. 무엇이 잘못되었는지 알지 못했기 때문이다. 누군가가 나에게 "무엇을 좋아하니? 무엇을 하고 싶니? 어디에 가고 싶니?" 이런 질문을 하면 대답하지 못했다.

초등학교 6학년 겨울방학에 있었던 일이다. 부산에는 친척이 많이 살고 있었다. 삼촌과 이모 두 분, 외삼촌, 외가 쪽 사촌 언니와 오빠가 있다. 서울로 이사 오기 전에는 큰이모 집을 방학 때마다 놀러 갔었기에 이종사촌 언니, 오빠와 친하게 지냈다. 신년 휴가를 받아서 삼촌이 우리 집에 놀러 왔다가 나를 데리고 부산으로 내려갔다. 이모 집에 데려다줄 계획이었는데 이종사촌 언니와 연락이 닿지 않아 삼촌과 하루를 보냈다. 저녁을 먹기 위해 부산의 번화가로 나갔다.

"은주야, 뭐 먹고 싶노?"

"몰라요"

무엇을 먹었는지 기억에 없지만, 삼촌이 정한 메뉴로 저녁 식사를 했다. 식사 후에 삼촌은 또 물었다.

"은주야, 뭐 하고 싶노?"

"몰라요."

"영화 보러 갈까?"

"네."

"뭐 볼래?"

"몰라요."

삼촌이 정색하며 말했다.

"은주야, 다 모른다고만 하지 말고 네 생각을 말해야지."

삼촌의 말이 가슴 깊이 박혔다. 내 의견을 말해도 된다는 것을 그날 처음 알았다. 그때까지 나는 다른 사람이 하는 대로 따라 했고 나보다 남의 생각이 더 중요했다. 남을 먼저 배려하고 튀는 것을 싫어하는 부모님의 교육 때문이었다. 삼촌의 말을 듣고 내 문제가 무엇인지 알게 되어, 내 의견을 말하려고 노력했지만 잘 되지 않았다.

『회복탄력성』을 읽고 내 자아를 찾기 위해 노력했다. 책에서 배운 대로 나에게 집중하며 내면을 들여다보니 깊은 상처들이 보였다. 상처를 치유하려면 먼저 자신의 상태가 어떤지 자각하고 인정하는 것이 중요하다. 회복탄력성 테스트를 통해 삶의 만족도가 낮다는 것을 알게 된 순간부터 나는 실제로 마음이 아프기 시작했다. 조그만 자극에도 울컥하며 고통이 들고 일어났다. 잠재의식 저 밑바닥에 묻어 두었던 상처가 아우성쳤다. 비로소 내가 힘들었던 원인을 찾은 것이다.

처음부터 다시 시작하고 싶었다. 그러나 지나간 날을 되돌릴 수 없으니 내가 무엇을 잘못했고 앞으로 어떻게 해야 하는지를 아는 게 급선무였다. 이때 읽었던 책 중에서 가장 많이 도움받았던 것이 임재성의 『처음부터 다시 시작할 수 있다면』이었다. 제목부터가 내 마음을 잘 표현하고 있었다.

출간된 지 오래되어서 새 책은 살 수 없었다. 알라딘 중고서점에서 몇 번의 구매취소를 겪으며 어렵게 구매했다. 책 내용이 구구절절 공감되어 시간 가는 줄 모르고 단숨에 읽었다. 형광펜으로 줄을 긋고, 여백에 메모하고, 포스트잇 플래그를 붙이고 귀접기를 하며 읽었다. 서툴지만 독서 노트도 썼다. 마리사 피어의 『나는 오늘도 나를 응원한다』와 '있는 그대로의 나를 사랑하라'라는 부제가 붙은 루이스 L. 헤이의 『치유』를 읽으면서도 큰 도움을 받았다. 이 세 권을 읽고 지난날의 나를 용서하고 사랑하는 법을 배웠다. 나에게 필요한 책을 읽으며 잘못된 것을 고치고 새로 익힌 것을 연습하는 과정을 반복할수록 무겁게 짓누르던 상처가 점점 가벼워졌다. 자존감이 회복되며, 어려웠던 시간을 잘 지나온 내가 대견하게 생각되었다.

아팠던 마음이 회복되면서 한 가지 의문이 생겼다. 그동안 '척'하며 살았던 이유가 무엇일까? 안 아픈 척, 안 슬픈 척, 안 외로운 척, 안 힘든 척 이렇게 척을 하며 살았던 이유에 대해 생각해 보았다. 처음에는 뭐가 뭔지 알 수 없었다. 안개 속에서 답을 찾아 계속 사색의 시간을 가졌다. 결론은 이랬다. '척'하며 살다 보니 정말 내가 괜찮은 줄로 착각하고 있었다. '척'이 아니라 그게 진짜 내 모습인 줄 알았다. 내가 나를 속인 셈이다.

그럼 나는 왜 나를 속였을까? 한참을 이 질문에 매여 있었다. 내가 아프다는 것, 슬프다는 것, 외롭다는 것, 힘들다는 것을 남에게 들키기 싫었다. 힘든 내 모습을 보면 무시할 것 같았다. 또 한편으로는 나도 행복하길 바랐다. 타인이나 나를 속이려고 의도적으로 '척'하며 산 것이 아니라 그저 인정받고 싶고 행복하고 싶었을 뿐이다. 감정을 숨겼던 것은 행복하게 살고 싶은 나의 처절한 몸부림이었다. 힘든 감정을 꼭꼭 숨기고 모른척하면 행복할 줄 알았다. 그러나 결과는 정반대였다. 외면할수록 점점 더 깊은 수렁으로 빠져들었다.

그렇다면 왜 힘겨운 삶에서 벗어날 생각을 못 했을까? 불행하다는 걸 인정하지 못했기 때문이다. 그냥 남보다 좀 더 힘들다고만 생각했다. 행복하지 않았지만, 그렇다고 불행하다고 느끼지도 않았다. 힘들어도 그 속에 계속 머무를 수밖에 없는 상황이었다. 사실을 있는 그대로 인정할 때 변화가 일어난다.

책을 읽은 후, 있는 그대로 나를 인정하고 받아들였다. 나의 감정과 기분, 욕구를 최우선으로 생각하며 마음을 토닥여주었다. 쉬운 일은 아니었지만, 점점 마음이 편안해졌다. 그렇게 노력하며 지내던 어느 날, 나도 모르게 "나, 참 행복하다!"라는 고백이 저절로 나왔다. 주체할 수 없는 감정이 벅차올랐다. 마음속 깊이 행복을 느끼는 기적이 일어났다. 그때부터 세상이 빛나기 시작했다. 세상은 이미 아름다운 상태로 존재하고 있었다. 단지 내가 착용한 선글라스로 인해 세상을 제대로 보지 못했던 것뿐이었다.

이런 과정을 거치면서 나의 정체성을 찾아갔다. 나를 소중하게 생각하게 되었고 자존감이 높아졌다. 할 수 있다는 자신감이 생겼다. 사고의 폭이 넓어지고 세상을 보는 눈이 뜨였다. 우물 안 개구리 같은 삶에서 벗어났다. 지금도 나의 상황은 전과 다를 게 없다. 그러나 마음의 여유가 있고 행복하다. 이제야 행복이 어떤 것인지 맛보게 되었다. 행복은 참 좋은 맛이다.

나도 계발이 될까요?

작은 변화가 일어날 때 진정한 삶을 살게 된다.
– 레프 톨스토이

요즘에는 자기계발을 취미같이 여기는 시대가 되어버렸다. 그러나 나는 지금까지 자기계발과 전혀 상관없이 살았다. 그런 것이 있는 줄도 몰랐다. 사람들이 꿈을 꾸고 그것을 이루기 위해 목표를 세워 노력한다는 걸 독서를 통해 알았다.

사는 대로 생각하는 삶에서 벗어나 그들처럼 생각하는 대로 살고 싶었다. 지금까지 작심삼일이 되어 중간에 포기하고 마무리 짓지 못한 일이 많았다. 이로 인해 자격지심이 생기고 사괴감에 빠지기도 했다. 나는 다른 사람보다 시작도 어렵지만 유지하는 건 특히 더 못한다. 작은 역경이라도 만나면 그에 맞서 싸우기보다 포기하는 게 더 쉬웠다.

힘들고 어려운 일을 만나면 두려워서 피하고 싶었다. 이유가 뭘까? 내가 바라던 일이 내 의사와 상관없이 외부 환경에 의해 좌절된 적이 많았기 때문이다. 의견이 상반된 상황에서 원하는 것을 얻기 위해서는 갈등이 생길 수밖에 없다. 그때마다 내 의사는 철저히 무시되었고 상대방의 힘은 넘기 힘든 산이었다. 어느 순간부터 싸워봐야 소용없다는 패배감이 내 마음 깊이 자리 잡았다. 갈등이 생길 때마다 참고, 회피하고, 포기했다. 그러나 변화를 끌어내기 위해서는 역경과 맞서 싸우며 나의 길을 찾아야 한다는 것을 알게 되었다. 행복한 삶을 위해 자기계발을 시작했다.

자기계발을 하겠다고는 했지만, 그것에 대한 지식이 전혀 없었다. 그러나 독서로 삶을 바꾸었다고 하는 경험자들의 말을 믿고 나도 책을 읽었다. 전에는 취미로 또는 지식을 습득하기 위한 하나의 방법으로 독서를 했다. 상한 마음을 위로받기 위해서도 읽었다. 그러나 자기계발을 위해서는 다르게 읽어야 했다. 소설, 수필, 시집 같은 문학책이 아니라 실용서 위주로 읽었다.

책 내용을 잘 적용하기 위해 독서법에 관한 것을 먼저 읽었다. 올바른 독서법이 알고 싶어서 그에 관련된 책을 읽었는데 마음의 상처가 보였다. 상처를 해결하지 않고는 무엇도 할 수 없을 것 같아서 마음치료 분야의 책을 읽었다. 책을 읽고 적용하며 마음이 치유되고 나니 무엇이든 할 수 있겠다는 자신감과 함께 자존감이 높아졌다. 내가 몰랐던 분야를 공부했는데 전혀 예상치 못했던 부분까지 알게 되는 것은 독서의 효과 중 하나이다.

책을 읽으며 알게 된 또 하나의 사실은 미라클 모닝을 하는 사람이 많다는 거였다. 일 년 동안 새벽예배만 겨우 다녀와서 다시 잠을 자는, 거의 올빼미형으로 살던 나에겐 꿈같은 이야기였다. 아침 일찍 일어나 새벽에 교회 가는 것 외에 다른 무언가를 한다는 건 상상할 수 없는 일이었다. 책에서 새벽 한 시간이 낮 세 시간의 효과가 있다고 했다. 좋다고 하니 일단 실천해 보았다. 새벽예배 다녀와서 다시 잠을 자는 대신에 책을 읽었다. 처음엔 읽는 흉내만 내다 잠든 적이 더 많았다.

새벽 시간을 활용하는 습관이 만들어지지 않아 고민하며 방법을 찾던 중 새벽을 깨우는 사람들이 모여서 활동하는 네이버 카페를 알게 되었다. 그곳 회원들과 함께 새벽을 깨우고 인증하면서 새벽 기상을 시작했다. 새벽에 일어나는 가장 좋은 방법은 일찍 자는 것이다. 일찍 자고 일찍 일어나기 위해 노력했다. 그런데 일찍 자는 게 생각보다 무척 어려웠다. 오십 년 동안 늦게 자던 버릇을 하루아침에 고치기란 불가능한 일이었다.

유튜브 '공부의 신 강성태' 채널에서 습관을 만들기 위해서는 66일의 시간이 필요하다고 했다. 한 줄기 빛이 보였다. 66일간 일찍 잠자기 프로젝트를 시작하고 매일 결과를 블로그에 포스팅했다. 66일이 지났는데 습관은 만들어지지 않았다. 또다시 66일을 더 했더니 그제야 조금 자리를 잡았다. 66일이 지나면 무조건 습관이 만들어지는 줄 알았는데 아니었다. 사람마다 차이가 있었다. 100일쯤 지나니 어느 정도 습관이 형성되었다. 새벽예배를 다녀와서 간단하게 스트레칭하고, 그날 할 일을 점검하며 독서와 블로그 포스팅을 했다. 아침이 풍성하고 여유로워졌다.

새벽 기상 인증하던 네이버 카페 게시판에 매일 감사일기를 쓰고, 종종 짧은 글도 써서 올렸다. 카페 대표님이 책을 써 보라고 권했다. 단칼에 거절했는데 대표님이 보기에 내가 글을 잘 쓴다며 강력하게 권했다. 그때부터 책을 써야겠다는 생각이 마음 한구석에 자리 잡았다. 책 쓰기 유료 강의는 수업료가 너무 비싸 엄두가 안 났다. 전문가의 도움 없이 혼자 책을 쓴다는 건 말도 안 되는 일이라 어떻게 하면 좋을

지 고민이 되었다.

마침 카페 대표님이 저렴한 금액으로 온라인 책 쓰기 수업을 한다기에 신청했다. 책 쓰기는 고사하고 글 쓰는 기본조차 배운 적이 없었기에 수업내용을 따라가기 어려웠다. 기간에 구애받지 않고 관리해 주신다고 했지만, 중간에 포기할 수밖에 없었다. 책 쓰기 수업은 포기했으나 책을 출간하고 싶다는 마음은 사라지지 않았다. 책 출간을 마음에 품고 기도하며 끈을 놓지 않았다. 무언가를 꾸준하게 갈망하는 건 편집디자이너 이후 두 번째다.

글쓰기 연습으로 매일 블로그 포스팅하는 것이 좋다는 말을 듣고 한 달 동안 하루도 빠지지 않고 글을 썼다. 쉽지 않았지만, 성과는 있었다. 내가 생각하기에도 글 쓰는 능력치가 올라갔다. 책을 읽고 서평도 썼다. 이 또한 글쓰기 연습에 도움이 되었다. 이렇게 포기하지 않으니 방법이 열렸다. '행복한 북창고' 수문장이신 허필선 작가님이 물심양면으로 도와주셔서 시금 책을 쓰고 있다. 작가가 되는 날을 꿈꾸고 있다. 역시 기회는 준비하는 자에게 찾아온다.

영국의 베스트셀러 작가 J.K. 롤링은 이혼 후에 어린 딸을 데리고 제대로 된 수입이 없어 생계가 위협받을 정도로 궁

핍하게 살았다. 딸에게 먹일 분유가 없어서 맹물을 먹이기도 했고 자신도 굶는 일이 허다했다. 바람 앞의 등불 같은 위기 상황에서 롤링은 예전부터 구상하고 있던 아이디어를 가지고 글을 썼다. 집에 책상이 없어 아이를 유모차에 태우고 동네 카페에서 한 손으로는 아이를 돌보고 다른 한 손으로는 글을 썼다. 그러나 글을 다 쓴 후에도 받아주는 출판사가 없었다. 열두 번 거절당하고 열세 번째 찾아간 소규모 출판사에서 오백 권을 출간하게 되었다. 그렇게 탄생한 책이 우리에게 잘 알려진 헤리포터 시리즈다.

오프라 윈프리는 "독서가 내 인생을 바꿨다."라고 말했다. 1954년, 미시시피주에서 사생아로 태어났고, 아홉 살에 사촌오빠로부터 성폭행당했다. 이후로 엄마의 남자 친구와 친척들의 끊임없는 성적 학대로 반항아가 되어 집 밖으로 나돌게 되었다. 열네 살에 미혼모가 되었고, 그 아들이 태어난 지 2주 만에 죽는 고통을 겪었다. 힘든 현실을 잊으려고 마약과 술, 담배에 빠져 있던 그녀가 어떻게 그 악몽을 다 털어버리고 토크쇼의 여왕이 될 수 있었을까? "독서가 내 인생을 바꿨다."라는 그녀의 말에서 알 수 있듯이 기구한 운명을 탓하는 대신 독서를 통해 변화를 끌어냈다.

삶의 변화를 원한다면 지금처럼 살면 안 된다. 다르게 살아야 한다. 다른 생각을 하고 다른 선택을 통해 다르게 행동하고 말해야 한다. 그렇지 않으면 늘 같은 모습이다. 변화가 쉬운 것은 아니지만 전혀 불가능한 것도 아니다. 『죽음의 수용소에서』의 저자 빅터 프랭클은 "더 이상 상황을 변화시킬 능력이 없을 때 우리는 자기 자신을 변화시켜야 한다."라고 했다. 아무것도 할 수 없을 것 같은 지금이 나를 변화시킬 가장 좋은 기회이다.

나의 힐링 장소, 서점과 도서관

언제고 괴로운 환상을 위로받고 싶을 때는 너의 책에게로 달려가라.
책은 언제나 변함없이 친절하게 너를 대한다.
– T. 풀러

 백신 접종률이 높아지면 코로나가 종식된다
고 하는 정부의 말을 믿고 '조금만 더 참자.' 하
는 마음으로 버티고 있었다. 그러나 대다수 국
민이 백신 접종을 마쳤는데도 코로나는 확산과 감소를 반복
하면서 종식될 기미가 보이지 않았다. 기대감이 실망으로 바
뀌면서 우울해졌다. 자연스럽게 발걸음이 서점으로 향했다.

평소에 답답하거나 우울할 때 서점이나 도서관에 간다.
무료할 때도 마찬가지다. 많은 책 사이로 왔다 갔다 하며 책
을 보다 보면 어느새 기분이 좋아진다. 꼭 책을 사거나, 대출
하지 않아도 마음이 진정된다. 영국 서섹스대학 신경심리학
의 권위자인 데이브드 루이스 박사 연구팀에서는 독서, 음
악 감상, 커피 한 잔, 게임, 산책 등이 스트레스를 얼마나 줄
여주는지 피실험자들의 심박수 등을 토대로 측정했다. 그 결

과, 조용한 곳에서 약 육 6분 정도 책을 읽으면 스트레스가 68% 감소했고 심박수가 낮아지며 근육 긴장이 풀어지는 것으로 나타났다. 음악 감상은 61%, 커피 마시기는 54%, 산책은 42%의 스트레스 감소 효과가 있었다. 반면 게임은 스트레스를 21% 줄여줬지만, 심박수는 오히려 높이는 결과를 초래했다. 루이스 박사는 무슨 책을 읽는지는 중요하지 않으며 작가가 만든 상상의 공간에 빠져 일상의 걱정 근심으로부터 탈출할 수 있으면 된다고 밝혔다.

집과 내가 운영하는 가게 가까이에 도서관이 있어서 자주 이용한다. 업무 중에 일이 잘 풀리지 않거나 뭔가 답답한 마음이 들 때면 도서관을 찾는다. 소규모 자영업자라서 직원 없이 혼자 일하기 때문에, 가게를 비우는 것이 부담된다. 그러나 기분이 가라앉은 상태에서 일하면, 집중하기 어려워서 능률이 떨어지고 짜증만 난다. 마음의 부담을 잠시 내려놓고 도서관을 가기로 마음먹으면 그 순간부터 기분이 좋아진다. 빨리 가고 싶은 마음에 흥분되고 설렌다. 가게에서 도서관까지는 100m 정도 거리다. 가게를 비운 사이에 손님이 왔다가 발걸음을 돌리고 다른 데로 갈 수도 있지만, 가게 문을 나서는 순간 이미 그런 건 안중에 없다. 어떤 책을 봐야겠다는 생각 없이 무작정 간다.

지금은 자유롭게 출입하지만, 한동안 코로나19 때문에 출입자 명부를 작성한 후에야 입장이 가능했다. 도서관 정문을 들어서면서부터 스마트폰을 열고 리브로피아 앱을 찾는다. 이 앱에 있는 회원 바코드로 인증해야 출입할 수 있기 때문이다. 회원증을 인식기 가까이 대면 '삑' 하는 경쾌한 소리가 들린다. 누구나 그렇게 입장하는데도 괜히 어깨가 으쓱해지는 기분이 들 때도 있다.

인천 북구도서관은 종합자료실이 3층에 있다. 달팽이처럼 뱅글뱅글 돌아가는 계단을 오르는 재미가 있다. 얼마 전에 리모델링해서 깔끔하고 널찍하여 기분이 상쾌하고 즐겁다. 편하게 앉아서 책 읽을 수 있는 곳이 많이 마련되어 있다. 어느 때는 도서관 탐방을 나온 것처럼 이곳저곳 돌아가기도 한다. 갈 때마다 인테리어가 바뀌는 것도 아닌데 늘 새롭다.

도서관에 가면 제일 먼저 신간 도서 코너에 간다. 어떤 책이 나왔는지 한 번 쭉 훑어보다가 읽고 싶었던 책을 발견하면 기분 좋은 에너지가 수직으로 상승한다. '심봤다'를 외치고 싶은 정도다. 종합자료실 책꽂이 사이를 이리저리 휘저으며 돌아다니다 보면 언제 그랬냐는 듯이 짜증은 온데간데없이 사라진다. 도서관 산책하는 시간은 어찌나 빨리 가는지 언제나 아쉽다. 업무시간에 잠깐 짬을 내서 가는 것이라 더 소중하게 느껴진다. 한 시간 정도로 산책을 마치고 아쉬운 마음을 뒤로 한 채 도서관을 나선다. 어느 때는 손님의 호출로 가자마자 나와야 할 때도 있는데 그때도 내 마음은 이미 힐링 되어 있다. 퇴근 후나 휴일에 갈 때는 책을 대출하여 느긋하게 읽다가 오기도 한다. 그 경우에도 마음이 정화된다. 도서관은 힐링이다.

  퇴근 후에 자주 가는 곳은 서점이다. 이유 없이 유독 서점에 가고 싶은 날이 있다. 인터넷서점에서 검색하다가 마음에 드는 책이 있으면 실물 확인을 위해 가기도 한다. 어느 날은 '지금쯤이면 서점에 한 번 가줘야 하는데'라는 마음이 든다. 서점을 찾는 마음의 주기가 있다. 자주 가던, 규모가 큰 동네서점이 2020년 8월에 폐점했다. 코로나 여파를 견디지 못한 듯하나. 그보다는 작지만 퇴근하는 길목에 또 다른 서점이 있어서 얼마나 다행인지 모른다.

  바로 옆에 문구점도 있다. 문구는 저녁 여덟 시에 영업을 마감하기에 먼저 문구 산책을 한다. 문구점에서는 필기구 코너에서 볼펜과 형광펜을 두루 둘러본다. 마킹테이프를 아이

쇼핑하고 포스트잇 코너로 간다. 포스트잇도 디자인이 다양하게 잘 나와 있다. '나 좀 데려가, 그냥 가면 후회할걸.' 하면서 유혹의 눈길을 보낸다. 못 이기는 척 몇 개를 골라 계산한다. 집에 돌아가면서 분명히 후회하겠지만, 유혹을 못 이기고 사면서도 기분은 좋다.

문구점에서 유희가 끝나면 서점으로 발걸음을 옮긴다. 여기서도 물론 신간 도서에 먼저 눈길이 간다. 그러나 도서관과 달리 제목만 확인하며 대충 둘러본다. 다음에 가는 곳은 인문고전 코너이다. 고전은 어려워서 쉽게 접근하지 못하던 분야였다. 예전부터 생텍쥐페리의 『어린왕자』를 좋아해서 젊은 시절 세 번 정도 읽었다. 어른을 위한 동화책 같은 느낌이었다. 자신의 별에 핀 단 한 송이 장미를 사랑하는 어린왕자, 어린왕자와 여우가 '길들이기'에 대해 얘기를 나누는 것이 좋았다. 『어린왕자』에 나오는 좋은 문구들은 인터넷에서도 쉽게 찾아볼 수 있다. 그냥 그렇게 어른을 위한 예쁜 동화책으로만 생각했다.

3년 전 다시 『어린왕자』를 읽었다. 마지막 부분에서 눈물을 펑펑 흘렸다. 마음이 아리고 찢어질 것처럼 아팠다. 어린왕자와 비행기 조종사 간의 우정이 마음속 깊이 감동을 주었다. '뭐야? 『어린왕자』가 이렇게 슬프고 감동적인 이야기였나?' 『어린왕자』를 읽고 다른 느낌, 다른 감동받은 후에 인문고전을 읽는 것에 자신감이 생겼다. 헤르만 헤세의 『데미안』, 알베르 카뮈의 『이방인』, 조지 오웰의 『동물농장』, 카프카의 『변신』 등을 읽으며 인문고전 읽기에 재미를 붙였다. 어렵게만 생각되었던 분야를 이해하고 나름대로 해석도 가능하게 되니 정말 신기했다. 이제는 자연스럽게 발걸음이 그곳으로 향했다.

또 한번은 이런 일도 있었다. 친정엄마와 함께 서점에 가서 이리저리 둘러보는데 매대에 있는 한 권의 책이 나의 시선을 사로잡았다. 백정미의 『울고 싶어도 내 인생이니까』였다. 제목만 봤는데 나도 모르게 울컥하며 눈물이 쏟아졌다. 나중에 내용을 읽어 볼 요량으로 표지 사진만 찍고 얼른 발걸음을 돌렸다. 엄마 앞에서 울 수는 없었다. 내가 울면 엄마의 마음이 무너져 내릴 테니까 "아! 나 괜찮은 줄 알았는데 안 괜찮구나!" 오십 년 넘게 이런저런 우여곡절을 넘기면서 힘들 때마다 괜찮은 척하며 숨기고 있던 내 감정이 폭발한 순간이었다. 마음에 깊은 상처가 있다는 것을 알지 못하던 때라 더 눈물이 났다.

이렇게 울적할 때나 일이 꼬이거나 마음이 번잡스러울 때, 심지어는 바람을 쐬고 싶은 날에도 도서관이나 서점에서 기분전환을 꾀한다. 요즘은 도서관이나 서점이 딱딱한 분위기에서 책을 읽거나 공부만 하는 곳이 아니다. 이색적인 공간에서 색다른 문화생활을 즐길 수 있다. 책을 대출하고 읽는 것뿐 아니라, 보는 즐거움까지 더하는 도서관이 많이 생겨나고 있다. 서울 명동에는 국내 최초 영화 전문 도서관 '명동 씨네 라이브러리'가 있고, 경기도 오산시에는 독서 캠핑장이 있는 '꿈꾸레 도서관', 경기도 안양시 안양예술공원에 있는 '파빌리온 도서관' 등 이색적인 도서관이 많다. 이곳뿐만 아니라 전국에 특별한 도서관이 많이 있다.

기분전환이 필요할 때 도서관이나 서점에 가보면 어떨까? 꼭 책을 읽지 않더라도 말이다. 생각지도 않은 인생 책을 만나 티핑 포인트의 계기가 될지 누가 알겠는가?

티핑포인트

독서는 약 처방처럼 당장 효과가 나타나거나 행복을 만들어 주지 않는 다. 그러나 한 권 한 권 읽어 가는 동안에 내가 무엇을 알고 무엇을 모르고 있는지를 스스로 깨닫게 하는 데 도움이 됨에 틀림없다.
– 패디먼

문화체육관광부에서 전국 19세 이상 성인 남 녀 6,000명과 초등학교(4~6학년), 중·고등학 교 재학생 3,126명을 대상으로 '2019년 국민 독서 실태'를 조사했다. 조사 결과에 따르면, 갈수록 종이책 의 독서율과 독서량이 떨어지고 있다. 이번 조사에서 오디오 북이 추가되었지만, 결과에는 큰 차이가 없었다. 독서의 필 요성에 대한 인식도 줄어드는 안타까운 형상이다. 이번 조 사 결과에서 성인의 58.2%, 학생의 48.8%로 과반수가 '자 신의 독서량이 부족하다'라고 인식했다. 수치가 높아 보이 지만 매년 감소하는 추세다. 본인의 독서량이 '부족하다'라 는 인식은 '11년 74.5% → '13년 67.0% → '15년 64.9% → '17년 59.6% → '19년 58.2%로 지속해 하락하는 경향을 보 인다. 독서를 좋아하는 비율(독서 선호도)도 성인 25.9%, 학생 43.7%로 연령이 증가할수록 감소한다. 독서 장애 요인으로 성인은 '책 이외 다른 콘텐츠 이용'(29.1%), 학생은 '공부 때문에'(27.6%)가 가장 컸다. 그중 성인의 13.6%, 학생의 22.0%는 '책 읽는 게 싫고 습관이 들지 않아서'라고 답했다.

'세 살 버릇 여든까지 간다.'라는 속담이 있다. 우리는 알게 모르게 습관적인 행동을 반복하며 살아간다. 학자마다 다르지만, 일반적으로 우리 생활의 80%는 습관적으로 하는 일들로 채워진다고 말한다. 따라서 좋은 습관이 많으면 더 나은 삶을 살 수 있다. 그러나 좋은 습관은 나쁜 습관보다 만들기 어렵다는 맹점이 있다. 건강을 위해서는 보약이나 영양제보다 운동이 좋다는 것은 누구나 알고 있다. 그래서 피트니스센터에 등록할 때 꾸준히 운동할 거란 생각에 장기 등록하는 사람이 많다. 그러나 실제로는 초반 얼마간 열심히 하다가 흐지부지되기 일쑤다. 좋은 습관을 만드는 것은 가치 있는 일이지만, 재미가 없기 때문이다. 재미없는 일을 습관으로 만들기 위해서는 더 많은 에너지가 필요하다. 우리 뇌는 에너지가 소모되는 일은 하기 싫은 것으로 간주하기 때문이다.

물론 힘들고 어려운 일이지만 급격하게 변하는 시대에 능동적으로 대처하며 성장하기 위해서는 독서가 필수적이다. 할 엘로드는 『미라클모닝』에서 "독서는 삶을 변화시키는 가장 빠른 방법이다. 최고 등급의 성공을 성취하기 위한 지식과 아이디어, 전략은 이미 책에 나와 있다. 독서의 핵심은 전문가로부터 배우는 것이다. 그들은 이미 우리가 원하는 것을 이뤄낸 사람들이다. 원하는 것을 이루는 가장 빠른 방법은 이미 성공한 사람들의 본보기를 따라가는 것이다."라고 했다. 문제는 운동 습관처럼 독서 습관 역시 만들기 어렵다는 점이다.

나 역시 책을 꾸준히 읽고 있었는데도 불구하고 독서 습관을 만들기까지 어려움이 많았다. 잘 읽다가도 그 흐름을 놓치면 몇 일간 혹은 일주일 넘게 안 읽게 된다. 얼마간 시간이 지나면 마음을 다잡고 다시 책 읽는 것을 반복해야 했다. 그런데도 습관은 쉽게 만들어지지 않았다. 독서법 책에서 배운 대로 해보았디.

첫 번째로 침대 머리맡, 거실, 식탁, 화장실, 사무실, 승용차 눈에 보이는 곳곳에 책을 두었다. 이렇게 책을 가까이 두어 접근하기 쉽게 했다. 가방에도 두어 권 넣고 다니며 어디서라도 읽을 수 있는 환경을 만들었다. 이렇게 하더라도 책이 보일 때마다 읽는 것은 아니었다. 그러나 확실히 전보다 읽는 횟수가 늘어났다. 가방에 든 책은 어떤 땐 짐이 되기도 하지만 자투리 시간을 이용할 수도 있고, 예상하지 못한 뜻밖의 여유시간이 생겼을 때 읽게 된다.

두 번째는 나에게 필요한 책을 읽었다. 무턱대고 아무 책이나 읽는 것이 아니라 목적이 있는 독서를 했다. 외과 전문의이자 유명작가이며 경제전문가 박경철 박사는 목적을 가진 독서를 강조했다. 그는 "베스트셀러 책이라서 또는 누가 좋은 책이라고 추천해 주었다고 자신의 목적과 상관없이 책을 읽는 것은 시간 낭비"라고 했다. 목적에 맞는 책을 선택하여 읽을 때 원하는 분야의 성장을 경험하고 성취감도 느낀다. 내게 필요한 독서를 하며 성과가 눈에 보이게 되니 책을 더 읽게 되었다.

세 번째는 매일 읽을 목표량을 설정했다. 하루 1시간 이상 읽거나, 50쪽 이상씩 읽기로 정했다. 목표는 세웠지만 혼자 해보니 힘들었다. 활동하고 있던 네이버 카페에서 하는 '아웃풋 독서 모임'에 참여했다. 하루 1시간 이상 읽고 단체 카톡방에 인증하는 방식이었다. 한 달 회비를 내고 1주일 단위로 성공할 때마다 일정 금액을 환불받는 방식이어서 책을 읽는데 동기부여가 되었다. 느슨해지려고 할 때마다 회원들이 인증하는 것을 보면 덩달아 의욕이 생겨 다시 읽을 수 있었다.

네 번째는 '끝까지 읽지 않아도 된다.'라고 독서 마인드를 바꿨다. 한 번 읽기 시작한 책이 계속 읽어나가기 어려울 때는 과감하게 포기했다. 찝찝한 마음에 끝까지 읽다가는 독서에 대한 흥미마저 잃을 수 있다. 책 내용 전체가 다 도움이 되는 건 아니다. 그 책에서 중점적으로 다루는 부분이나 자신에게 필요한 부분만 골라서 읽어도 된다. 하버드대 학생들이 1년에 100권 이상 책을 읽을 수 있는 것도 이런 발췌독도 독서량에 포함하기 때문이다.

이렇게 독서 습관을 만들기 위해 구체적으로 계획을 세워 실천한다고 하더라도 곧바로 습관이 만들어지는 것은 아니다. 영국 런던대학의 필리파 랠리 교수 연구팀은 새로운 행동이 습관화되는 데는 최소 21일이 걸리며, 행동이 습관으로 자리 잡는 데는 66일이 걸린다는 '66일의 법칙'을 발표했다. 여기서 21일은 뇌에 습관을 각인시키는 것으로 미국 의사 존 맥스웰이 그의 저서 『성공의 법칙』에서 처음 주장했다. 그 이후 런던대학에서 계속 연구하여 습관을 몸에 각인시키기 위해서는 최소 66일이 걸린다고 했다.

나 역시 독서 습관이 만들어지지 않아 힘들었다. 그러나 포기하지 않고 꾸준히 읽다 보니 나도 모르는 사이에 하루라도 책을 읽지 않으면 뭔가 허전함이 느껴졌다. 드디어 독서 습관이 생긴 것이다. 하루 이틀 실패했더라도 중단하지 않고 꾸준하게 연습하면 습관은 반드시 만들어진다. 독서뿐 아니라 모든 습관이 그렇다. 우리가 일상에서 습관적으로 하는 것들 대부분이 무한 반복에 의해서 학습된 것이다.

독서 습관이 형성되었더라도 읽은 것을 적용하지 않으면 변화는 일어나지 않는다. 책을 읽기만 한다고 삶이 변화되는 건 아니다. 변화의 주체는 나 자신이다. 스스로 변화에 대한 의지와 실천이 없으면 제자리걸음만 하고 책 읽은 시간만 낭비하는 것이다. 책 한 권을 읽고 내용대로 모두 실천하는 것은 불가능하다. 자신의 변화에 도움이 되는 것을 하나 선택하고 실천하여 변화를 꾀해야 한다. 책 한 권에 나에게 필요한 한 가지만 실천하면 된다. 그렇게 해서 언제 삶이 변하겠냐 하겠지만 열 권을 읽으면 열 가지 변화를 경험한다. 한 달에 한 권씩 읽는다고 가정하면 일 년에 열두 가지가 변하는 것이다. 책을 안 읽는 사람과 읽는 사람은 차이가 나지만, 많이 읽은 사람과 적게 읽은 사람 간에는 큰 차이가 없다. 책을 읽고 얼마나 적용하느냐가 관건이다.

독일의 과학자 '프레드릭 오스트발트'는 위인이나 성공한 사람의 공통점이 무엇인지를 조사하여 두 가지 공통점을 발견했다. 첫 번째는 긍정적으로 생각하는 것이고, 두 번째가 독서였다. 독서한다고 모두 성공하는 것은 아니지만, 성공한 사람들은 모두 독서 습관이 있었다. 이에 반해, 우리나라 성인 44%는 일 년간 책을 한 권도 읽지 않았다. 점점 책을 멀리하는 추세이지만 집에 머무는 시간이 많은 코로나 시대에 책 읽는 시간을 확보하기에 좋은 기회다. 미국 16대 대통령 아브라함 링컨, 기부 왕으로도 불리는 강철 왕 앤드류 카네기, 시각과 청각, 언어의 3중 장애를 가지고 고통받던 헬렌 켈러 등은 독서를 통해 삶의 변화를 이루고 자신의 분야에서 성공한 사람이다. 우리도 이들처럼 독서로 인생의 티핑 포인트를 만들어보자.

이미 성장하고 있었다

내가 인생을 안 것은 사람과 접촉한 결과는 아니다.
책과 접촉한 결과다.
– A. 프랑스 –

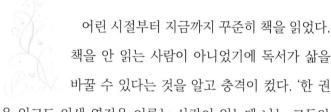

어린 시절부터 지금까지 꾸준히 책을 읽었다. 책을 안 읽는 사람이 아니었기에 독서가 삶을 바꿀 수 있다는 것을 알고 충격이 컸다. '한 권을 읽고도 인생 역전을 이루는 사람이 있는데 나는 그동안 뭘 했나?' 하는 자괴감이 몰려왔다. 책을 읽지 않는 사람이었다면 바로 독서를 시작하면 되겠지만 그게 아니었기에 좀 혼란스러웠다. 그러나 독서로 삶이 바뀐 사람들이 많다고 하니 일단 믿고 그들이 했던 방식을 따랐다.

책을 읽고 적용하며 변화와 성장을 꾀했다. 이런 독서량이 제법 쌓이니 나도 긍정적 변화를 경험할 수 있었다. 그런데 가만히 생각해보니, 미처 깨닫지 못했지만 이미 독서로 성장하고 있었다. 삶이 변하지 않았다고 느꼈던 것은 나의 오해였다. 그 변화가 스스로 의도하지 않았고 더딘 까닭에 느끼지 못했을 뿐이다.

  초등학생 때까지는 세계명작동화를 읽었다. 중학생이 되어 잠시 쉬다가 고등학교에 들어가서 다시 독서를 했다. 그때는 청소년들을 위한 책을 발행하는 녹색문고가 있었다. 제목도 생각나지 않지만, 소설을 많이 읽었다. 지금도 기억나는 내용이 있다. 사춘기에 있는 동생이, 연애하는 언니를 보며 신기해했던 부분이다. 엄마는 언니가 손톱에 빨간 매니큐어 바르는 것을 몹시도 싫어했다. 엄마가 매일 잔소리를 해도 들은 척도 안 하던 언니가, 어느 날 빨간 매니큐어를 지우고 손톱을 단정하게 깎고 나타났다. 엄마와 주인공이 화들짝 놀라 이유를 물었다. 언니에게 애인이 생겼는데 그가 매니큐어 바른 손톱을 싫어해서 정리했단다. 엄마가 그렇게 닦달해도 말을 안 듣던 언니가, 애인의 한마디에 매니큐어를 싹 지워버린 것을 의아하게 여겼던 동생이 생각난다. 지금도 이 스토리가 기억나는 걸 보면 그때 나도 언니의 행동이 꽤나 인상적이었나보다.

  고등학교를 졸업하고 나서는 대학생이 된 친구들에게 뒤지지 않기 위해 책을 읽었다. 소설, 에세이, 시집을 주로 읽었고 신문도 구독했다. 좋아하는 작가의 책은 모조리 읽었다. 시드니 셀던의 소설을 좋아했고, 김홍신의 『인간 시장』도 재미있었다. 시리즈물은 싫어하는데도 이 책은 재미있게 읽었다. 이문열의 소설도 빼놓을 수 없다.『젊은 날의 초상』,『우리들의 일그러진 영웅』 등은 베스트셀러다. 이외수 작가도 좋아해서 화천에 있는 감성마을 이외수 문학관을 다녀오기도 했다. 신달자 시인의 시와 에세이가 좋았고, 서정윤의 시집『홀로서기』도 기억에 남는다. 시는 해설이 있어도 잘 이해가 안 되던 시절이었는데『홀로서기』는 획기적이었다. 그냥 읽어지고 이해되고 공감이 되어서 좋았다. 원태연의 시집『넌 가끔가다 나를 생각하지만 난 가끔가다 딴 생각을 해』는 제목부터가 오글거린다. 너무 오래전이라 모두 기억이 나지 않을뿐더러 정확한지도 알 수 없지만 참 많이 읽었다는 것만은 확실하다.

이때 나는 책을 통해 인간관계를 배웠고 공감 능력을 키웠다. 사회성을 길렀고 소설의 등장인물들을 통해 힘든 시기를 이겨낼 지혜를 얻기도 했다. 장편소설은 긴 호흡으로 읽기 때문에 집중력을 키울 수 있었다. 또 여러 상황과 인간관계를 통해 현실에서 겪는 복잡한 인생의 문제를 해결하는

데 도움을 받을 수 있다. 나는 상당히 융통성이 없고 외골수의 성향을 가지고 있었다. 지금도 이런 성격이 전혀 없다고는 말할 수 없지만, 세상을 살아가면서 문제가 될 정도는 아니다. 상대가 하는 말에 잘 공감하며 경청한다는 말을 자주 듣는다. 인간관계도 모나지 않고 원만하게 잘하고 있다. 책을 읽고 나서 아무것도 기억나지 않는 것 같아도 결정적인 순간에 힘을 발휘했다. 상황에 맞추어 의식적으로 떠올리기는 어려워도 무의식에 잠재되어 있다가 필요한 순간에 적절하게 대응할 수 있었다.

학창시절에 친구 따라 잠시 교회에 다닌 적이 있었다. 다니다 말기를 반복하다가 남편과의 별거를 계기로 다시 교회에 다니기 시작했다. 목사님이 설교하시는 내용이 도통 이해되지 않았다. 세상 살면서 들어보지 못했던 기독교 용어가 생소했다. 성령과 은혜를 받으라는데 그게 뭔지 도무지 알 수가 없었다. 기독교 서적을 찾아서 읽기 시작했다. 성경의 전체적인 흐름이 알고 싶었다. 조병호 박사의 『성경통독』과 이애실 사모의 『어? 성경이 보이네』를 성경책과 함께 펼쳐놓고 성경을 공부했다. 그랬더니 목사님의 설교가 귀에 쏙쏙 들어오고 교회 다니는 재미가 있었다.

2013년부터 시련이 밀려왔다. 운영하던 가게의 경매사건과 아들의 논산훈련소 입소를 며칠 앞두고 남편의 사망 소식을 들었다. 세상의 누구도 나를 도와줄 수 없고 뾰족한 수가 있는 것도 아니었다. 그저 돌아가는 상황을 지켜보며 결과를 기다려야 하는 것이 숨 막혔다. 하나님께 맡기고 싶은데 방법을 몰랐다. 학교 다닐 때 시험 범위 중 요점 정리가 안 되는 부분은 문제집 두세 권을 풀고 어떤 것이 중요한지를 파악했던 경험을 떠올렸다. 이거다 싶었다. 나와 비슷한 이들의 간증 책을 사서 읽었다. 그들이 시련을 극복한 방법을 따라 했다. 책을 통한 간접경험으로 내 어려움을 견딜 수 있었다. 성경을 공부하고 간증집을 읽은 것이 시련 앞에서 크게 도움이 되었다.

"독서가 오늘의 나를 있게 했다. 책을 통해 받았던 위안과 은혜를 다른 사람들에게 되돌려주고 싶다. 책은 삶에 희망이 있다는 것을 나에게 가르쳐 주었다. 독서하면서, 세상에는 나와 같은 처지에 있는 사람이 많다는 것도 알았다. 그리고 책은 나에게 성공한 사람들과 그 사람들이 이룬 업적에 나도 도달할 수도 있다는 가능성을 보여주었다. 독서는 바로 나의 희망이다." 오프라 윈프리가 한 말이다.

내 고백도 이와 같다. 책에서 나와 같은 시련을 겪은 사람이 어떻게 어려움을 극복했는지를 배웠다. 위기 상황을 넘길 지혜도 터득했다. 더불어 타인의 감정에 공감하는 능력도 키웠다. 가랑비에 옷 젖듯이 미처 깨닫지 못하는 사이에 독서가 나를 성장시켰다. 사람들과 원만하게 지내고 상대를 편안하게 해준다는 칭찬을 들을 때마다 내가 잘나서 그런 줄 알았다. 알고 보니 모든 것은 독서의 힘이었다. 책으로 삶이 바뀌지 않는다고 생각했던 것은 나의 착각이었다.

책에서 얻은 지혜와 내면의 힘이 없었다면 몇 배나 더 큰 고통의 시간을 보냈을 거다. 어떤 목적을 가지지 않더라도 책을 읽어야 하는 이유이다. 성장하기 위해 애쓰지 않아도 독서는 자연스럽게 내면에 스며들어 사람을 강하게 만든다. 하늘이 무너지고 사방을 둘러보아도 솟아날 구멍이 없을 때가 바로 책을 읽어야 하는 그때이다.

나와 대화하는 시간

"글쓰기는 내면을 들여다보고 다가올 미래를 그려볼 좋은 기회다."
– 나카타니 아키히로

나는 어릴 때부터 꾸준히 일기를 썼다. 초등학교 다닐 때 방학이 끝나면 반 아이들은 저마다 방학 과제물을 가지고 왔다. 그림을 그리거나 만들기 또는 과학 실험한 결과물을 가져오기도 했다. 아이들은 시키지 않은 것을 잘도 해 왔다. 나는 상상도 할 수 없는 것들이었다. 내가 할 수 있는 건 일기 쓰기밖에 없었다. 매일 같은 일상이 반복되었지만, 하루도 빠지지 않고 썼다. 일기로 다져진 글쓰기가 실력을 발휘한 건, 군 장병에게 위문편지를 쓸 때였다. 위문편지를 쓸 때마다 답장을 받았다. 고등학교 때는 한 내무반에 있는 여덟 명의 군인에게 다른 내용으로 편지를 써서 그들이 무척 놀라워했다. 이런 경험이 있었기에 글 쓰는 것이 두렵지 않았다. 막연한 자신감도 있었다.

독서모임에 가입하고 보니 책을 읽기만 하는 게 아니었다. 책을 읽고 쓴 서평을 SNS에 올려 서로 소통하고 있었다. 글쓰기에 나름대로 자신감이 있었지만, 개인적인 글이 아니라 타인과 공유하는 글을 쓰려니 막막했다. 머릿속에 떠오른 생각을 글로 표현하는 것이 예상했던 것보다 어려웠다. 생각만으로는 다 아는 것 같은데 막상 글로 표현하려니 막막했다. '이런 게 있어.' 정도의 수준밖에 안 되는데, 다 안다고 착각하기 때문이다. 책을 읽을 때도 마찬가지다. 필요한 내용을 글로 정리하지 않으면 다 안다는 착각의 늪에 빠지기 쉽다. 새로운 지식을 배울 때에 글로 정리하여 내 것으로 만드는 것은 중요하다. 책을 읽는 궁극적인 목적은 다른 사람의 책이 멋지다는 것을 부러워하는 것에 있지 않고, 글을 통해 내가 변화하는 데 있기 때문이다.

감사일기 쓰는 것으로, 내 생각을 글로 표현하는 글쓰기 연습을 시작했다. 하루에 세 가지 이상 감사한 일을 적었다. 감사한 내용을 구구절절 쓰는 것이 아니라 감사한 일 하나에 한 문장씩 썼다. 처음에는 이 간단한 글쓰기도 어려웠으나 쉬지 않고 매일 썼더니 신기하게도 문장이 길어졌다. 그뿐만 아니라 하나의 감사에 한 문장으로 끝나던 것이 두 문장이 되고 세 문장이 되었다.

감사일기 쓰는 것이 어느 정도 익숙해진 후에 네이버 블로그 글쓰기에 도전했다. 감사일기 쓰는 것과 블로그 글쓰기는 또 달랐다. 감사일기처럼 주제가 정해진 것이 아니기에 글감 찾는 것이 어려웠다. 그래서 찾은 방법이, 책을 읽고 짧게 서평을 남겼다. 지금 다시 읽어 보면 서평이 아니라 독후감 수준이지만 그때는 나름대로 고민해서 썼다. 또 네이버 블로그에서 여러 가지 챌린지를 하며 글을 올렸다. 미니멀리즘을 표방하여 하루 세 가지 이상 물건 버리기, 성경 필사, 11시 30분 전에 잠자기 등등 이런 챌린지는 주제를 따로 정하지 않아도 되니 좀 쉽게 글을 쓸 수 있었다. 점점 발전하여, 한 달 동안 하루에 글 하나씩 올리는 것에 도전했다. 또 서평단을 신청하여 글을 쓸 수밖에 없는 환경을 만들었다.

이렇게 계속 글을 쓰다 보니 나를 돌아보게 되었다. 나를 누구보다 잘 안다고 생각했는데 아니었다. 좋아하는 것, 하고 싶은 것, 나의 감정, 나의 장단점 등등 몰라도 너무 몰랐다. 그동안 '나'에 대해 깊이 생각해 본 적이 없었다. 독서하면서 자존감이 회복되고 감정도 밝아졌지만 뭔가 부족했다. 긍정적이고 밝은 면은 내 것이 아닌 것 같았다. 여전히 나는 있는 그대로의 나를 보지 못하고 다른 사람을 부러워하고 있었다.

그러던 중 책을 써 보라는 권유를 받고 시도했다. 그러나 블로그에 글을 쓰는 것과 책쓰기는 많이 달랐다. 한 꼭지도 쓰지 못하고 한계에 부딪혔다. 어떤 일을 할 때에는 기본적으로 갖추어야 하는 소양이 있다. 책 쓰는 것에 대한 기초적인 것을 알지 못하니 포기할 수밖에 없었다. 그런데 마음은 현실과 달리 포기가 되지 않았다.

책쓰기에 대한 갈망이 더 깊어졌다. 어느 순간부터 글쓰기에 도움 되는 책을 골라 읽고 강의를 듣는 나를 발견했다. 한 주에 한 가지씩 주제를 정하여 글을 쓰는 모임에 참여했다. 그 모임에서 내 이야기를 블로그에 썼다. 글을 쓰면서 나의 내면을 들여다보게 되었다. 인정하고 싶지 않아서 오랜 세월 외면했던 불쌍하고 작은 나를 보았다. 그 작은 아이는 바다 깊은 곳, 잿빛 진흙 위에 누워 있었다. 마음이 아팠다. 아픈 마음을 글로 쓰면서 토닥토닥 다독여 주었다. 어느 날 물결이 일렁이는 바다 표면에 작은 구멍이 보였다. 그 구멍을 통해 빛이 들어와 무대 위의 조명같이 나를 비추었다. 그 빛을 따라 비상하며, 세상으로 나올 수 있었다. 그러나 힘이 들면 아직 해결하지 못한 내면의 문제 때문에, 여전히 깊은 바닷속으로 빠져든다. 그때마다 글쓰기를 통해 다시 해수면으로 올라오고 있다.

어려서부터 남에게 폐를 끼치면 안 된다는 교육을 받으며 자랐다. "조금 손해를 보더라도 양보하는 게 마음 편하다."라고 엄마는 입버릇처럼 말했다. 그렇게 살다 보니 인간관계에서 큰 어려움은 없었지만, 어느 부분에서는 독이 되었다. 지나치게 양보하게 되어 내가 없었다.

"뭐 먹고 싶니?" 하고 물으면 "너는 뭐 먹고 싶어?"
"어디 갈까?"
"응, 난 괜찮아. 너 가고 싶은 데로 가자."
"언제 만날까?"
"너 편한 시간에 보자."

이런 식이었다. 모든 것을 상대에게 맞췄다. 내가 결정하지 않아도 되니 편했다. 결과가 기대에 못 미쳐도 내게는 책임이 없었다. 예상했던 것보다 좋은 시간을 보내면 그걸로 만족했고, 그렇지 않더라도 미안하지 않아도 되니 좋았다.

이렇게 남에게 맞춰서 살아가는 동안 '나'는 사라지고 상처만 남았다. 사방을 둘러보아도 '나'는 보이지 않았다. 서점에서 『혼자 잘해주고 상처받지 마라』라는 제목의 책을 보았다. 딱 나를 보는 것 같았다. 상대가 원한 게 아니었다. 나 스스로 주도권을 내어 주고 혼자 상처받은 것이다. 이 상처를 어떻게 치유해야 할지 난감했다. 내가 아프다는 건 알겠는데 구체적으로 어떻게 해결해야 하는지 알 수 없었다. 정신과 병원을 찾기에는 무섭고 비용도 부담되었다. 가게 단골손님이었던 미술 심리치료 선생님께 상담을 받아볼까도 생각했다. 그러나 그 선생님은 나를 좋게 보고 있는데 나의 치부를 드러내는 것 같아 포기했다. 심리 관련 책을 읽어 보았다. 이론은 배웠으나 내 상황에 맞게 적용하는 것이 불가능했다.

글을 쓰며 이 문제가 해결되었다. 십 년 전에 하늘나라 가신 친정아버지와의 갈등을 블로그에 썼다. 치유를 목적으로 쓴 글이 아니었다. 나를 힘들게 한 아버지를 원망하는 글을 썼다. 그런데 글을 쓰면서 아버지의 마음을 이해하고 나를 향한 무한한 사랑을 깨달았다. 오랜 세월 동안 가슴속에서

응어리져 온 분노의 감정이 회복되었다. 미워하던 마음은 온데간데없고 미안한 마음에 눈물만 흘렸다. 전혀 생각하지 못한 놀라운 결과였다.

이후로 친정엄마와 아들에 대한 이야기를 쓰면서 엄마와 아들의 마음을 이해할 수 있었다. 나만 힘들었다고 생각했는데 아니었다. 서로 상처를 주고받았지만 내 상처만 보였던 거다. '나한테 도대체 왜 이래?' 하면서 원망했던 지난날이 부끄러웠다. 가족과의 관계가 회복되면서 서서히 '나'를 찾을 수 있었다. 부모님이 나를 미워한 것이 아니었다는 사실이 큰 위로였다. 힘들게만 생각했던 아들이 내가 살아가는 이유였다는 것도 알 수 있었다.

『글쓰기가 필요하지 않은 인생은 없다』에서 김애리 작가는 이렇게 말했다.

"여자들은 보통 수다의 힘에 대해 잘 안다. 직접적인 도움이 되든 안 되든 마음이 맞는 친구들과 삼삼오오 모여 쌓인 이야기를 풀어낼 때의 그 통렬함을 너무 잘 안다. 단지 썰을 푸는 것만으로 스트레스가 풀리고 엔도르핀이 샘솟는 그 기분, 마약 같은 그 맛을 끊을 수가 없어 여자들의 수다는 인류가 존재하는 한 계속될 것이다. 그런데 글쓰기는 그보다 더 강한 카타르시스를 가능하게 한다. 슬프고 답답한 날 노트를 펼쳐놓고 마구잡이로 마음을 써 내려간 적이 있는 사람이라면 이해할 것이다. 그 아무것도 아닌 행위가 얼마나 큰 위로가 되는지."

많은 사람이 글쓰기가 마음치유에 효과가 있다고 했다. 글을 쓰기 전에는 나도 '설마' 하며 반신반의했었다. 그러나 글쓰기로 관계가 개선되고 마음이 편안해진 경험을 한 지금은 나 역시 글쓰기를 권하고 있다. 과장되거나 숨김없이 솔직한 감정을 그대로 글로 옮겨 적다 보면 생각이 정리된다. '그때 나 너무 힘들었어.'라는 느낌으로 두루뭉술하던 감정이 명확하게 정리된다. 왜, 어떻게, 얼마나 아팠는지 그때의 감정을 명확하게 이해하게 된다. 우리가 힘든 건 나쁜 기억 때문이 아니라 그에 따르는 감정 때문이다.

나의 감정이 정리되면, 상대의 마음도 돌아보게 된다. 책을 읽고 알게 된 니의 상치기 글을 쓰면서 해결이 되었다. 상처를 있는 그대로 보고 인정한 후에 솔직하게 글로 표현했다. 지나온 삶이 정리되고 상처가 치유되었다. 대면하여 상대가 용서를 구하지 않아도 미움이 사라지고 관계가 회복되었다.

"나는 글 쓸 줄 모르는데." 하는 분들 있을 거다. 꼭 남에게 보이기 위해 공개하는 글이 아니어도 된다. 비밀일기장을 하나 만드는 것도 좋은 방법이다. 아무도 읽지 않으니 솔직하게 쓰면 된다. 화가 나면 화나는 대로, 슬프면 슬픈 대로 좋으면 좋은 대로. 나 자신에게 꾸밈없이 글을 써 보자. 나와 솔직하게 대화하는 시간을 통해 내 안에 깊이 잠들어 있는 나쁜 감정을 흔들어 깨워 싹 다 몰아내자.

4장
나의 세상을 정의하다

삶은 보는 각도에 따라 달라 보인다.
슬픔에 휘둘리지 않고 나로 살아가는 방법

내가 만들어가는 세상

나는 힘과 자신감을 찾아 항상 바깥으로 눈을 돌렸지만, 자신감은 내면에서 나온다. 자신감은 항상 그곳에 있다.
– 안나 프로이트

삼 년 전쯤 심리상담사와 이야기를 나눌 기회가 있었다. 내 뜻대로 되는 일이 없었던 지난 일을 털어놓으며 부모님과 남편을 원망하고 환경을 탓했다. 내 인생이 엉망이 된 건 모두 여건이 좋지 않았기 때문이고 형편만 허락했다면, 내가 원하는 삶을 살 수 있었다고 줄곧 생각해 왔다. 그런데 상담사의 몇 마디에 모든 것이 무너졌다.

"선생님은 지금 모든 것을 '~ 때문에'라고 말씀하시는데, 상황을 그렇게 만든 건 선생님이에요."

"네?"

"문제가 생겼을 때 갈등이 있더라도 내 의견을 주장해야 해요. 분쟁하기보다 상대의 의견에 수긍하는 걸 선택한 결과예요."

"싸우기 싫어서요."

"그건 변명이에요. 정말 하고 싶다면 싸워서라도 원하는 걸 얻어야죠."

나는 할 말이 없었다. 갈등 상황에 맞서서 헤쳐 나가기보다는 회피할 때가 많았다. 안 된다고 하는 것을 굳이 우겨서 내 의견을 관철하는 것이 어려웠다. 스스로 똑똑하다고 잘난 체했지만, 실제 내 모습은 그게 아니었다. 상담사와 대화하면서 나의 문제점이 무엇인지 알게 되었다.

실패의 연속이라고 여겼던 나의 지난날을 돌아보았다. 스스로 능력의 한계를 정했고, 무슨 일이든 완벽하게 마무리하지 못할 것 같으면 시작도 하지 않았다. 실패에 대한 두려움과 남에게 비난받는 것이 싫어서 시도조차 하지 못한 일이 많았다. 실수할까 겁먹고 문제 앞에서는 언제나 소심하게 대응했다. 또 남에게 좋은 사람, 착한 사람으로 보이고 싶어서 남의 눈치를 살피느라 자유롭게 행동할 수 없었다. 누가 나를 지적하면 나에 대한 공격이라고 생각했다. 상대에게 내가 옳다는 것을 증명하기 위해 끝까지 따지고 들었다. 상대를 궁지로 몰아세운 후에야 끝이 났다.

내 인생이 꼬인 것을 환경 탓만 하고 있었는데 사실은 내가 문제였다. 익숙한 것이 좋았다. 낯선 사람, 낯선 환경에서는 늘 긴장했다. 돌이켜 보니 나를 옴짝달싹 못 하게 묶어 놓은 건 타인이나 그 무엇이 아니라 순전히 나 자신이었다.

모든 것을 '~때문'이라고 말하면서 정작 나는 선택을 잘하지 않는 사람이었다. "성공하는 것이 두려워 도전하지 못한다."라는 말을 어느 책에서 읽었다. 예를 들어 조금만 노력하면 중소기업 대표가 될 기회가 있고, 능력도 된다고 하자. 회사 대표가 되었을 때, 그에 따르는 직무를 감당할 엄두가 나지 않아서 충분히 할 수 있는 일인데도 미리 겁을 먹고 포기한다는 것이다. 충분히 이해되고 공감이 가는 문장이었다.

나에게는 책을 쓰는 것이 이에 해당했다. 처음에는 막연하게 책을 써야겠다는 마음뿐이었다. 글은 한 줄도 쓰지 않으면서 마음은 또 앞서갔다. 책 출간 후에 하게 될 강연을 생각해 보았다. 우선 한 번도 만들어 본 적 없는 PPT 작성하는 일이 막막했다. 또 여기저기에서 강연할 생각에 가슴이 떨리고 오금이 저렸다. 일어나지도 않은 미래의 일을 걱정하느라 현재에 집중하지 못하는 것은 어리석은 행동이다.

매사추세츠 종합병원의 연구 결과에 의하면, 절대로 현실에서 발생하지 않을 걱정 40%, 이미 일어난 일에 대한 걱정 30%, 사소한 것들에 대한 걱정 22%, 우리 힘으로 어쩔 도리가 없는 걱정 4%, 우리 힘으로 바꿔 놓을 수 있는 걱정 4%이다. 96%의 걱정은 우리에게 아무 도움도 안 된다.

걱정하는 것으로 걱정이 해결된다면 매일 걱정만 하고 있어도 된다. 하지만 현실은 그렇지 않다. 지금 당장 할 수 있는 것을 선택하고 거기에 집중하는 것이 중요하다. 이전의 나였다면 강연을 제대로 하지 못할 거라는 생각에 책 쓰는 것을 주저했을 것이다. 하지만 지금은 달라졌다. 담담한 심정으로 책을 쓰고 있다. 지금은 책 쓰는 일에 집중할 때임을 알기 때문이다.

얼마 전, 퇴근길에 뒤에서 누군가 나를 부르는 것 같았다. 걸음을 멈추고 돌아보니 자그마한 체구의 여성이 "저기 혹시 부평교회 다니세요?"하고 물었다. 그렇다고 답을 하고 보니 우리 교회 박 권사님이셨다. 같은 성가대에서 봉사하며 눈인사 정도 나누는 사이였다. 우리 아파트로 이사 온 지 얼마 되지 않았다고 했다. 그날은 간단한 인사만 나누고 헤어졌다. 며칠이 지나고 주일 아침에 걸어서 교회에 가는데 뒤에서 부르는 소리가 들렸다. 박 권사님이었다. 이런저런 얘기를 나누며 함께 교회로 가는 시간이 불편하지 않았다. 신기했다.

과거에 나는, 친하지도 않고 또 모르는 사람도 아닌 이런 애매한 상황이 싫어서 무슨 말을 하는지도 모르면서 주절주절 말을 늘어놓았다. 말이 끊기면 어색함에 숨이 막힐 것 같았는데 이번엔 그런 거북한 마음이 들지 않았다. 다음 날인 월요일부터 일주일 동안 진행되는 특별새벽기도회에 박 권사님의 차로 같이 다니자고 했다. 단 일 초의 망설임도 없이 바로 승낙했다. 매일 10~15분 정도의 짧은 시간을 오가는 동안 명확한 주제를 가지고 내 생각을 편하게 얘기할 수 있었다. 횡설수설이 아니라 유의미한 대화를 나눴다.

권사님이 나를 어떻게 생각할지 눈치 보지 않고 그저 편안하게 내 생각을 얘기했다. 낯선 사람과의 만남이 더는 두렵지 않았다. 권사님이 편하게 대해준 면이 있지만 다른 무언가가 더 있었다. 이 일을 통해 자신 있게 내 생각을 얘기할 힘이 생긴 것을 느꼈다.

작가 '김상현'은 저서 『나라서 행복해』에서 이렇게 말하고 있다. "자신을 존중하고 사랑하는 마음이 부족하다는 것은, 내면에 채워지지 않은 무언가가 있다는 말이에요. 사람은 누구나 부족한 것들을 채우려는 경향이 있습니다. 그래서 자존감이 낮은 사람들은 비어 있는 내면을 채우기 위해 외부로 눈을 돌리게 됩니다. 다른 사람으로부터 사랑과 관심을 받고 싶어 하지만 이는 밑 빠진 독에 물 붓기와 같습니다. 계속 물이 빠지는 독에 물을 채우려 하니 아무리 부어도 턱없이 부족한 것이죠." 내면을 채우지 않고는 자존감을 회복할 수 없다.

내면을 성장시키는 방법으로 여러 가지가 있겠지만 나는 독서를 추천한다. 상담사와 대화 중에 자존감이 낮은 사람이라는 것을 알았다. 또 책을 통해 나의 문제점을 더 명확하게 파악하고 해결하기 위해 노력했다. 무엇보다 나를 사랑하고 내 감정을 소중하게 여겨야 한다는 것을 배웠다. 안다고 쉽게 달라지는 것은 아니었다. 그러나 포기하지 않고 꾸준하게 노력한 결과 남을 의식하는 것에서 많이 벗어났다. 사람이 살면서 타인을 전혀 의식하지 않을 수는 없다. 그러나 타인의 감정 흐름에 따라 내 감정이 휘둘려서는 안 된다. 요즘 나는 예전과 다른 나를 본다. 책 속에 나를 살리는 힘이 있었다.

너무 늦은 때란 없다

사람들은 내게 이미 늦었다고 말하곤 했어요. 하지만 지금이 가장 고마워해야 할 시간이라고 생각해요. 무엇인가를 진정으로 꿈꾸는 사람에겐 바로 지금 이 순간이 가장 젊은 때이거든요. 시작하기에 딱 좋은 때 말이에요. 『인생에서 너무 늦은 때란 없습니다』 중에서

지난 여름에 우리 가게와 같은 건물에 있던 카페가 영업을 종료했다. 카페 주인장이 내 아들과 동갑이라서 더 마음이 갔는데 코로나를 견디지 못하고 떠나게 되었다. 아직 서른이 채 안 된 그녀가 이렇게 말했다. "제 나이에 어디 취직하겠어요?" 겉으로 표현하지 않았지만 '그 나이가 어때서? 뭐든지 다시 시작할 수 있는 젊음이 있는데.' 하는 생각이 들었다.

나이가 쉰이 넘은 지금 생각해 보면, 그때는 무엇을 해도 좋을 나이였다. 그런데 우리는 늘 늦었다고 생각한다. 내 나이 마흔에 이직해야 했다. 다니던 회사에서 월급이 나오지 않았고 미래가 불투명했다. 여기저기 이력서를 넣어도 나이가 걸림돌이 되었다. "경력으로 봐서는 우리 회사에 딱 맞는데 나이가 사장님이랑 동갑이어서 힘들겠어요." 실제로 이

런 답을 듣기도 했다. 새로운 것을 배우더라도 까마득하게 젊은 청년들과 경쟁하기에는 나이가 많았다. 내 또래 사람들과 비교하면 더 절망스러웠다. 그들은 이미 해당 분야에서 나보다 훨씬 앞서있기 때문에 경쟁상대가 안 되었다. 이런저런 이유로 할 수 있는 게 아무것도 없었다. 이미 너무 늦었다는 말만 메아리쳐 돌아왔다.

쉰 살이 되니 밀물처럼 밀려오는 걱정과 불안 때문에 초조했다. 미래에 대한 공포로 느닷없이 마음이 철렁 내려앉기도 하고 숨이 쉬어지지 않을 정도로 심장이 요동치고 모든 게 곧 끝날 것만 같았다. '힘든데 그냥 다 포기해버릴까? 하는 못된 생각도 했었다. 지나온 날은 실패의 연속이고 가진 것도 없고 능력도 없는 현실 앞에서 절망할 수밖에 없었다. 그렇게 암울한 나날을 보내던 중 희망을 주는 이들이 있었다.

그중 한 분이 세계 최고령 시인으로 데뷔한, 일본의 시바타 도요 할머니다. 할머니는 유복한 쌀집의 외동딸로 태어났으나 아버지의 게으름으로 가세가 기울었다. 십 대 때 학교를 그만두고 생계에 뛰어들어 여관과 음식점에서 허드렛일을 하며 더부살이를 했다. 스무 살에 친척의 중매로 결혼했으나 얼마 되지 않아 이혼의 아픔을 겪었다. 서른세 살에 평생 함께할 남편을 만나 결혼하여 외아들 겐이치를 낳았다. 할머니는 이때가 가장 행복했던 시절이라고 회상한다. 1992년 남편과 사별한 뒤 취미로 일본무용을 하며 이십여 년을 홀로 지냈다. 허리 통증으로 이마저 못하게 되어 크게 낙심한 할머니에게 아들 겐이치가 시 쓰기를 권유했다.

할머니는 92세에 처음으로 시를 썼다. 아들의 제안으로 '산케이신문'의 '아침의 시'에 투고했다. 할머니의 시는 6000대 1의 경쟁률을 뚫고 당당하게 입선했다. 신문에 실린 할머니의 시를 읽고 팬을 자처하는 독자들이 생겼다. 일본의 대표적인 시인 신가와 가즈에도 할머니의 팬 중의 한 명이었다. 그는 할머니의 시를, 시집으로 출간을 제안했다. 2009년 10월, 99세의 나이에도 불구하고 자신의 장례비용으로 모아둔 100만 엔을 털어 첫 시집 『약해지지 마』를 출간했다. 표지도 없고 정식 출판도 아닌 시집이었지만 독자들로부터 큰 사랑을 받았다. 그 후 도쿄의 대형 출판사에서 앙장판으로 재출간해 150만 부를 돌파하는 베스트셀러가 되었다.

나는 50세에 나이가 많다며 좌절했는데 할머니는 92세에 시를 쓰기 시작했다. 그 시가 일본뿐 아니라 우리나라를 비

롯하여 대만, 네덜란드, 이탈리아, 스페인에서도 출판되었다. 시바타 할머니의 인생 스토리는 내게 큰 용기를 주었다. 독서하기 전의 나였다면 할머니에게는 시를 쓸 잠재된 능력이 있었고, 문학에 소질이 있는 아들과 며느리의 도움이 있었기에 가능했다고 단정 지었을 것이다. 그러나 도전하지 않으면 아무리 좋은 재능이 있어도 발견할 수 없다. 뛰어난 능력이 있어도 개발하지 않으면 쓰레기일 뿐이다.

할머니를 보며 지난 일 한 가지가 떠올랐다. 이십 대 초반, 당시 유행하던 지점토를 배웠다. 소품을 만든 후에 색을 입히는 과정이 재미있었다. 내가 봐도 색감을 아주 잘 표현했다. 디자인 학원에 다니던 때에도 남들보다 과제를 일찍 제출하며 미술에 재능을 보였다. 지점토를 배우고, 디자인 학원에 다니는 과정이 없었다면 미적 감각이 있다는 것을 알 수 없었을 것이다. 그전까지는 미술에 소질이 없다고 생각했었다. 시도하기 전에 스스로 한계를 긋지 않아야 하는 이유이다.

일본에 시바타 도요 할머니가 있다면 미국에는 화가 애나 메리 로버트슨 모지스 할머니가 있다. 76세에 그림을 그리기 시작하여 101세까지 화가로 살았다. 그녀는 미국인이 가장 사랑하는 예술가 중 한 사람으로 꼽힌다. 미국 뉴욕주의 농촌 가정에서 태어난, 안나 매리 로버트슨 모지스는 스물일곱 살에 농장에서 일하던 일꾼에게 시집가서 열한 명의 아이를 낳았다. 자식들과 가족을 돌보며 사십여 년을 가정주부로 살다가 남편이 세상을 떠나고 막내아들과 함께 살았다. 관절염 때문에 자수 놓기가 어려워지자 살림에 보탬이 되지 못한다며 며느리가 구박했다. 이에 심한 모멸감을 느끼고 아들 집에서 독립했다.

이때부터 넉넉하지 못한 가정 형편 때문에 포기했던 화가의 꿈을 꾸게 되었다. 그때 할머니의 나이가 76세였다. 그녀의 그림은 세상의 주목을 받기 시작하여 88세에 '올해의 젊은 여성'으로 선정되었다. 존 F. 케네디 대통령은 할머니를 '미국인의 삶에서 가장 사랑받는 인물'로 불렀다. 온갖 어려움 속에서도 할머니는 자신의 꿈을 포기하지 않았다. 젊은 시절 꿈을 포기하고 가족을 위해 희생했는데, 노년에 며느리가 구박할 때 어떤 심정이었을지 상상만으로도 마음이 아팠다. 보통이라면 며느리를 원망하고 노여워하며 신세를 한탄하고 있을 텐데 할머니는 꿈을 향해 발걸음을 옮겼다. 환경 탓하며 주저앉아 있었던 나의 지난 시절이 너무나 부끄러웠다.

나는 뜻대로 되지 않을 때마다 외부요인을 탓하며 비관했다. 5년 전에도 10년 전에도 아니 30년 전에도 다시 시작하기에는 너무 늦었다고만 생각했다. 내가 정한 한계 안에 나를 가두었다. 3년 전에 했던 후회를 2년 전에 하고 1년 전에도 했었다. 이제 아무것도 하지 않으며 보낸 과거를 후회하며 허송세월하고 있을 시간이 없다. 지금 하지 않으면 내년에 나는 또 같은 후회를 할 것이다.

친정엄마는 대화 중에 종종 '젊은 사람'이란 말을 쓴다. 내가 생각하는 젊은 사람은 20~30대이다. 그런데 엄마 말을 다 들어보면 50대 60대를 젊다고 말한다. 100세가 넘은 김형석 명예교수는 65세가 인생의 가장 전성기라고 말했다. 이런 기준으로 보면 나는 젊은 사람이고 아직 전성기를 맞이하지 않았다. 이미 늦었다고 생각할 때가 그 일을 하기에 가장 좋은 시기다.

지금까지 살아온 경험에 비추어보면 모든 일은 적당한 때가 있다. 아기가 세상에 나와서 말을 배우고 걸음마를 시작하며 기저귀를 떼는 시기가 있다. 급한 마음에 아이를 다그친다고 될 일이 아니다. 인생사도 이와 같다. 무언가를 시작해야겠다는 생각이 드는 것은 그때가 시작하기 가장 좋은 때라는 신호다. 그러니 '너무 늦은 때'는 없다. 늦고 빠르고를 생각하지 말고 그냥 하면 된다. 허필선 작가가 강의에서 농담처럼 한 말이 있다. "바지에 똥 쌌을 때 빼고는 늦은 때는 없습니다." 나는 지금 책을 쓰고 있다. 2년 동안 했던 후회를 내년에 또 반복할 수 없기 때문이다. 당신은 지금 어떤 걸 할 필요가 있는가? 그것을 당장 시작하면 된다. 지금이 가장 적절한 때이다.

주도권을 가져오다

사는 게 바빠서 책을 읽을 시간이 없다고 투덜거리지 마라. 낮에 바쁘면 밤에 읽고, 갠 날 바쁘면 흐린 날 읽고, 여름에 바쁘면 겨울에 읽으면 된다.
– 허균

 학창시절부터 말 잘한다는 소리를 많이 들었다. 그러나 그건 둘 셋이 모였을 때 해당했다. 네 명 이상 모이면 나는 입을 다물고 방청객이 되곤 했다. 그림자처럼 있는 듯 없는 듯 자리만 지키고 있었다. 여럿이 모인 자리에서 말할 때면 나에게 집중되는 시선이 부담스러워 얼굴이 화끈거렸다. 심장이 쿵쾅거리고 호흡이 가빠져 숨도 쉬지 않고 빠르게 할 말을 마쳤다.

중학교 3학년, 연합고사를 치른 후에 학예회를 했다. 한 아이가 예정에 없던 게임을 제안했다. "선생님, 남은주랑 누가 더 빠르게 말하는지 시합해보세요." 담임 선생님도 말하는 속도가 엄청 빠른 분이었다. 선생님과 나는 난감했다. 아이들은 누가 이길지 궁금해 몸살이 날 것처럼 보였다. 아이들의 성화에 못 이겨 선생님이 말씀하셨다. "남은주, 일어나

봐라. 누가 빠른지 시합해보자." "네?" 나는 너무 당황스러웠다. 무엇보다 반 아이들 시선이 나와 선생님에게 집중되었다. 선생님의 호명에 자리에서 일어나긴 했으나 아무것도 생각할 수 없었다. 내가 우물쭈물하며 입도 못 떼는 사이에 선생님이 먼저 총알같이 몇 마디 하셨다. 나는 정신이 없어서 선생님이 무슨 말을 하는지조차 몰랐다.

지리 시간에 조별로 과제를 수행하고 조 대표가 발표하는 시간이 있었다. 우리 조에서 발표자는 나였다. 앞에 나가 준비한 자료를 칠판에 붙이고 반 아이들을 향해 뒤돌아섰다. 그 순간 머릿속은 백지장이 되고 진땀이 났다. 정신없이 설명하는데, 예상하지 못한 순간에 선생님이 질문하셨다.

"잠깐만, 대륙붕이 뭔지 설명해 볼래?"

"......"

다 아는 내용이었고 충분히 대답할 수 있었음에도 선생님과 아이들의 눈동자가 나를 향해 있는 것에 주눅이 들어 아무 말도 하지 못했다. 내가 알고 있는 그대로 선생님이 대신 설명해 주셨다. 더 어이가 없는 것은 발표 자료에 대륙붕에 대한 설명이 있었다. 발표를 마치고 자리로 돌아왔는데 아는 것을 대답하지 못한 내가 한심했다.

친구 여럿을 만나면 나는 또 입에 자물쇠를 채운다. 친구들이 나누는 대화에 끼어들 자신이 없기 때문이다. 스스럼없이 얘기하는 친구들이 너무나 부러웠다. 나도 그들의 대화에 끼어들고 싶었지만, 말에 실수가 있을까 두려웠다. 나에 대한 믿음이 없었다. 또 시선이 집중되면 떨리는 마음을 주체할 수 없어 내 생각을 전달하는 것이 어색했다.

독서하면서 이런 부분이 많이 개선되었다. 이제는 여럿이 모인 자리에서 주도권을 가지고 대화를 이끌기도 한다. 아는 것도 아니고 모르는 것도 아닌 애매한 관계에서, 의미 없는 말을 속사포처럼 쏘아대던 것에서 벗어났다. 내가 무슨 말을 하는지 의식하고 원하는 방향으로 말을 이어 간다.

지난해에 목사님과 구역장님, 속장님 이렇게 세 분이 가게로 심방을 오셨다. (목회자가 교인의 가정이나 사업장, 일터를 방문하여 대화하며 형편을 살펴보고 신앙적 상담과 위로를 주는 행위를 기독교에서는 심방이라고 한다.) 나를 포함해서 네 명이 예배 전후에 담소를 나눴다. 전에는 목사님이나 함께 오신 분들이 주로 말하고 나는 대답만 했다. 그러나 이번엔 달랐다. 내가 대화의 중심이 되었다. 쭈뼛거리지 않고 자신감 있게, 당당하게, 편하게 대화를 이어갔다. 목사님과의 대화는 은혜롭고 평안함이 있어서 좋았다. 심방을 마치고 혼자 조용히 앉아 있는데 기분이 좋았다. 뿌듯했다. 성장한 내 모습이 스스로 보기에도 대견했다. 책을 읽는다는 것은 단순히 지식의 양을 넓히는 것이 아니었다. 지식을 통해 생각을 들여다보고, 내 안을 들여다보면서, 내 안의 지적 성장도 수반되는 활동이었다.

　윈스턴 처칠은 영국 명문가에서 태어났다. 그는 수업 시간에 늦기 일쑤였고 교과서를 잃어버리며 난독증과 언어장애로 말까지 더듬었다. 학습장애로 학교 성적은 늘 꼴찌였지만 영어와 역사 과목은 상위권이었다. 뛰어난 영어 실력은 훗날 그가 책을 쓰고 노벨문학상을 받는데 기초가 되었다. 영어 실력만으로 그가 영국을 대표하며 영국인들에게 가장 존경받는 정치가가 된 것은 아니다. 그를 위대하게 만든 건 독서 습관이었다.

　처칠이 아홉 살 무렵 아버지가 선물로 준 『보물섬』이 독서의 계기가 되었다. 어린 시절부터 매일 다섯 시간씩 책을 읽던 습관이 평생 지속되어 성인이 되어서도 하루 이백 쪽가량 읽었다. 그 결과로 세계 2차 대전에서 승리하는 위대한 정치가가 되었다. 이 전쟁의 경험을 소재로 쓴 『제2차 세계대전』으로 노벨문학상까지 받는 저명한 작가가 되었다. 처칠이 쓴 책은 정치가로서는 드물게 지금도 고전으로 많은 사람이 읽는다. 그뿐만 아니라 처칠은 명연설가로도 유명하다. 지독한 말더듬증이었던 그는 매일 큰 소리로 책을 읽으며 발음을 연습하고 더듬지 않으려고 노력했다. 말이 꼬일 것에 대비해서 미리 써 둔 연설문을 외우고, 강단에 서기 전에 몇 번씩 반복해서 연습했다. 이 모든 것은 하루도 빠지지 않고 꾸준히 읽었던 독서 습관이 있었기에 가능했다.

소심하고 자신감 없던 나를 변화시킨 것이 무엇인지 생각해 보았다. 독서하면서 나도 모르는 사이에 사고의 폭과 깊이가 확장되어 있었다. 사회심리학자 존 바고는 "일상생활에서 뇌와 신체의 활동 가운데 99%가 무의식적으로 일어나며, 의식적으로 일어나는 일은 1% 이하"라고 말한다. 물론 학자마다 무의식의 비중이 다르기는 하지만 최소 65%는 넘는다는 것이 일반적 견해이다. 독서의 효과는 서서히 나타난다. 책을 읽을 당시에는 어떤 변화도 느낄 수 없다. 그러나 무의식에 저장되어 있다가 대화하는 중에 불쑥 떠올라 무의식 속의 생각을 겉으로 표현하게 되는 것이다.

요즘, 사람들과 대화하는 내 모습에 깜짝깜짝 놀랄 때가 많다. 얼마 전에 친구들과 서로의 안부를 전하며 수다를 떨었다. 한 친구가 친정엄마와의 일화를 얘기하며 '내가 행복한 것을 하는 것이 중요하다.'라는 것을 깨달았다고 했다. 남편에게 얘기했더니 "그걸 이제 알았어?"라고 대답해서 더 화가 났다는 말에 나의 경험담을 들려주었다.

"내가 하고 싶은 것을 하고 먹고 싶은 것을 먹고, 가고 싶은데 가는 것. 내가 원하는 것을 했더니 행복해졌어. 행복이 뭔지 몰랐는데 나를 찾으려고 노력했더니 행복이 제 발로 찾아왔어. 남이 행복해야 내가 행복한 줄 알았는데 아니었어. 반대야. 내가 행복해야 남도 행복하게 해줄 수 있어. 나에게 없는 것을 남에게 줄 수 없거든." 모두 귀를 쫑긋 세우고 내 말을 주의 깊게 듣고 있었다. 의도하지 않았는데 대화의 주제에 대해 거침없이 내 생각을 말하고 있었다. 책을 읽으며 얻은 배경지식과 경험이 더해져 전문가 수준은 아니어도 자신 있게 대화를 나누기에는 충분했다.

독서로 쌓은 지식이 서로 연결되며 명료하게 정리되어, 자신감이 생기고 말에 힘이 더해졌다. 사고력을 키우고 지식을 쌓는데 독서만 한 것이 없다는 것은 이미 널리 알려진 사실이다. 책을 읽을수록 지혜가 더해지고 세상 이치를 깨달게 된다. 책을 읽는다고 당장 상황이 바뀌는 건 아니다. 나 역시 그동안 살아왔던 방식과 다르게 살기 위해 책을 읽었으나 현실은 변함이 없었다. 그러나 삶을 바라보는 자세가 변했다. 나를 사랑하고 내 삶을 소중하게 여기게 되었다. 인생을 새로운 관점으로 바라보며 나만의 방법으로 살아가는 힘이 생겼다. 책을 읽는 만큼 내 인생도 함께 성장했다. 그런 만큼 나는 할 말이 더 많아졌다. 이제는 누구 앞에서도 당당하게 내 견해를 말할 수 있다.

나를 일으켜 세우다

내가 책을 읽을 때 눈으로만 읽는 것 같지만 가끔씩 나에게 의미가 있는 대목, 어쩌면 한 구절만이라도 우연히 발견하면 책은 나의 일부가 된다.
– 윌리엄 서머셋 모옴

"내 인생 왜 이 모양이야?"

첫 시작은 고등학교부터였다. 고등학교에 입학하면서 교복 자율화가 시행되었다. 내가 다녔던 학교는 서울 중심부에 있었다. 부잣집 아이들이 많았다. 한 번도 들어보지 못한 고급 브랜드의 옷을 입고 운동화를 신고 가방을 들고 다녔다. 급식이 없던 시대라서 도시락을 싸 갔는데 반찬 역시 나와 수준이 달랐다. 그 겉모습에 주눅 들었고, 그 친구들의 일상이 낯설었다. 나와 다른 세상에서 온 것처럼 보였다. 1학년 때 경주로 수학여행을 갔다. 엄마는 가정 형편이 어렵다며 조심스럽게 물어보셨다. "은주야, 수학여행 안 가면 안 되겠니?" "엄마, 당연히 안 되지." 엄마도 형편이 어려우니 그냥 한 번 물어보신 듯했다. 수학여행에 가져갈 여벌 옷이 없어서 중학교 때 입었던 체육복을 챙겨 갔다.

공부보다 경제적인 면에서 나는 기가 많이 죽었다. 왜 그랬을까? 내가 찾아가지 않아도 내 주변에는 늘 친구들이 많았다. 그런 걸 보면, 아이들이 나를 업신여긴 건 아니었다. 못난 내 자격지심 때문이었다. 우리 집이 가난한 것이 창피했다. 우리 부모님은 성실하게 일하셨으나 워낙 가진 것이 없는 상태에서 시작했기에 가정 경제를 일으키는 것이 힘들었다. 부모님이 창피한 것은 아니었다. 가난한 것으로 원망해 본 적도 없다. 그저 집이 가난한 탓에 폼나게 하고 다니지 못하는 것이 부끄러웠다.

그 또래 아이들이 그렇듯이 나도 남이 어떻게 보는지가 중요했다. 좋은 옷을 입고 값비싼 브랜드의 신을 신고, 멋진 가방을 메고 학교에 가고 싶었다. 그렇게 못하는 것에 자존감이 무너지고 마음이 몹시 힘들었다. 그 패배감은 쉰 살이 될 때까지 이어졌다. 내 어려운 사정을 남들에게 들키고 싶지 않았다. 인상 쓰고 다닌다고 해결되는 일이 아니니 그저 외면하며 웃음으로 대신했다. 그래서인지 커다란 고름 보따리가 마음 한편에 자리 잡고 있는데도 상처를 제대로 보지 못했다. 문제를 대면하여 해결하지 않고 키우다 보니 삶은 점점 더 힘들어졌다.

쉰 살이 되어 독서를 시작하면서 그 불행에서 벗어날 수 있었다. 아파도 웃고 좋아도 웃다 보니 자타가 공인하는 긍정적인 사람이 되어 있었다. 아니 긍정적으로 보였다. 실상은 철저하게 패배자의 삶을 살았다. 주변의 모든 사람이 나보다 나아 보였다. 나를 제외한 모든 사람이 행복해 보였다. 내 눈에 행복해 보이는 그들에게도 분명 상처와 문제가 있다는 것을 알면서도 그게 현실로 와 닿지 않았다. 내 고통이 너무 컸고 내가 간절하게 바라는 것이 그들에게는 있었기 때문이다. 그들의 고통은 눈에 보이지 않았기에 아무 노력을 하지 않아도 잘 되는 인생이라 여겼다. 행복은 적절한 때가 되면 아무 대가 없이 찾아오는 줄 알았다. 그들에게 있는 행복이 나에게는 찾아오지 않아서 속상했다.

"세상에는 두 종류의 사람이 있다. 운명의 주인이 되는 사람과 운명이 주인인 사람이다." 헤르만 헤세가 한 말이다. 나는 후자의 삶을 살고 있었다. 남들은 나를 똑똑하고 야무지며 착한 사람이라고 했다. 내가 정말 좋은 사람처럼 생각되어 그런 칭찬이 좋았다. 그러나 실제로는 그런 사람은 아니다. 그저 내 주장을 잘 못하고 남의 얘기를 듣고, 기분을 맞춰주는 사람이다. 늘 참고 양보하며 나를 돌보지 않았다. 그러면서도 잘못되었다는 것을 깨닫지 못했고 병들어가는 것을 알아차리지 못했다. 김주환 교수의 『회복탄력성』을 읽기 전까지 나의 삶에 불만이 크다는 것조차 몰랐으니 말해 뭐 하겠는가. 힘들다는 생각은 항상 하고 있었지만, 그게 불만일 줄은 몰랐다.

책을 읽으며 폭넓게 지식을 습득할 수 있었다. 독서의 가장 큰 장점은 다양한 지식과 생각을 간접 경험할 수 있다는 것이다. 지적인 성장을 위해서는 직접경험하는 것이 가장 좋은 방법이라는 것은 누구나 알고 있는 사실이다. 그러나 시간과 공간의 한계로 세상 모든 일을 직접 체험하기란 불가능한 일이다. 과거의 학자들과 먼 타국에 있는 유명한 교수들을 어떻게 만날 수 있겠는가. 2006년 스페인의 한 연구자는 "커피 향이 좋다."라는 문장을 읽을 때 뇌의 후각 피질 영역이 활성화되는 것을 발견했다. 프랑스 연구자는 "파블로가 공을 찬다."라는 문장을 읽을 때 운동 피질 영역이 활성화된다는 것을 밝혀냈다. 이렇게 뇌는 직접 경험과 간접경험을 구별하지 못한다. 독서를 통해 다른 사람의 경험을 자신의 것으로 만들고, 직접 연구하지 않은 지식도 이해할 수 있는 이유가 여기에 있다. 책을 읽으며 내가 하는 고민이 나만의 문제가 아니라는 것을 알게 되었다. 책에 나오는 많은 연구 결과를 통해서도 알 수 있었다. 내가 부러워했던 이들도 종류만 다를 뿐 모두가 갈등을 겪으며 당면한 문제와 싸운다는 것을 알았다.

버팔로 대학 연구진의 연구에 따르면 소설을 읽으면 공감력이 향상된다고 한다. 책을 읽는 뇌는 다양한 영역에서 활성화되는데 이는 상상력과 직접적인 관계가 있다고 한다. 이런 공감력은 독자가 다른 사람을 공감하고 그들이 가진 문화를 이해하고 받아들이는 데 도움이 된다. 의도적으로 한 건 아니었지만, 전에 읽었던 소설, 수필, 시를 통해서 나 역시 인간관계를 배웠다. 대학 입학에 실패했어도 대학생 친구들과 어깨를 나란히 하며 관계를 유지할 수 있었던 원동력이 독서였다.

삼십 대에 다시 교회를 다니기 시작하면서 신앙 간증 도서를 읽으며 나의 믿음을 키웠다. 오십 대에는 자기계발서를 읽고 다른 사람의 경험을 따라 했다. 책을 읽고 내 마음에 큰 상처가 있다는 것을 알고 그에 따르는 치유 방법을 배웠다. 이런 과정을 지나면서 나를 사랑해야 한다는 것을 깨달았다. 다른 누구보다 내가 소중하다는 것을 알게 되었다. 행복은 내 안에 있었다. 남들이 초라하게 보아도 내가 만족하면 그게 행복이다. 남이 아무리 우러러보아도 내가 만족하지 못하면 불행한 사람이다. 이렇게 독서를 통해 새로운 것을 배우고, 훈련하며 성장해 나갔다.

책이 나를 강하게 했다. 책이 나를 일으켜 세웠다. 독서하기 전에는 산처럼 크게 보였던 사람이 이제는 그리 크게 보이지 않는다. 오히려 나보다 더 작게 보이는 이도 있다. 나는 전혀 알지 못하는 분야인데, 그것에 대한 지식이 풍부하고 내가 범접할 수 없는 수준의 지인이 있었다. 그런데 알고 보니 자신의 부족함을 감추기 위한 허세가 가득한 사람이었다. 속은 빈 깡통인데 겉으로는 그럴듯해 보였다. 한마디로 빛 좋은 개살구 같은 사람이었다.

전에는 볼 수 없었던 그들의 내면이 보이기 시작했다. 눈에 보이는 것이 그 사람의 전부가 아니었다. 상황이 달라진 건 없지만, 책을 읽고 내면이 성장하니 그들은 더 이상 오르지 못할 나무가 아니었다. 그들의 수준이 높았던 게 아니라 내 수준이 낮았던 거였다. 외적인 것보다는 내면이 중요하다. 나에게도 내면을 보는 능력치가 생겼다. 게다가 자신감도 생겼다.

열등감을 벗으니 타인을 보는 눈이 달라졌다. 뿐만 아니라 남이 나를 보는 시선도 변했다. 책을 읽으며 생각이 깊어지고 이해의 폭이 넓어졌다. 한 가지 일에 가졌던 편협한 생각을 버렸다. 나와 다름을 인정하게 되었다. 경우의 수가 많다는 걸 알고 나만의 생각에서 벗어나려고 애쓴 결과다. 앞으로도 나는 책과 함께 더 크게 성장할 것을 기대한다.

진짜 감정 찾기

"우리의 일상생활에서 가장 조심해야 할 것은 사소한 감정을 어떻게 처리하느냐 하는 문제입니다. 그것이 도화선이 되어 큰 불행으로 발전하는 일이 적지 않기 때문입니다."
– 알랭

"너는 얼굴만 봐도 화가 났는지 기분이 좋은지 금방 알 수 있다. 그렇게 감정을 다 드러내면서 사회생활을 하면 마이너스가 얼마나 큰지 아니? 자기감정을 숨길 줄도 알아야지. 앞으로는 조심하는 게 좋겠다."

결혼 전, 아버지에게 늘 듣던 말이다. 분노를 겉으로 드러내지 않았어도 은연중에 못마땅함이 얼굴에 나타나고 말투에서 불쾌함이 묻어났나 보다. 나는 분명 화를 낸 것이 아니라, 마음이 불편했을 뿐인데 나도 모르게 표정이 굳어진 것 같다. 아버지의 말이 맞는 것 같으면서도 한편으로는 동의할 수 없었다. 속으로는 화가 났는데 아무렇지 않은 척하는 게 겉과 속이 다른 사람처럼 보였다. 내 힘든 감정은 솔직하게 드러내지 못하면서 화를 참는 것이 위선이라고 여겼던 것이 참 아이러니하다.

나는 감정표현이 서툰 사람이었다. 좋을 때는 표현하지 않다가 억울하거나 속상한 일에는 반응하며 인상을 쓰고 큰 소리를 냈다. 화를 낼 때 내가 힘을 가진다고 생각되어 점점 더 거칠고 센 말, 독한 말을 쏟아부었다. 화가 나면 '나는 옳고 너는 틀렸다'라는 나만의 방정식에 따라 상대의 단점을 들추어내고 그것을 바꾸려고 했다. 상대의 형편과 사정은 전혀 고려하지 않았다. 내 생각이 틀렸다고 하면 속에서 화가 치밀었다. 세상 모든 사람이 나와 같은 생각일 수는 없는데 나의 세상에서는 언제나 내가 기준이었다. 나는 항상 옳은 사람이라는 착각에 빠져있었다. 내 잣대로 상대의 잘못을 지적하며 화부터 냈다.

결혼 전에 친정엄마는 "시댁 어른 생신이나 어버이날, 집안 행사가 있을 때는 날짜 지나치지 말고 미리 챙겨야 한다."라고 말씀하셨다. 결혼 후에 첫 어버이날에 벌어진 일이다. 친정엄마의 말이 생각났다. 결혼하고 인천에서 시댁과 가까이 살았다. 친정은 서울이었다. 시댁은 평일 저녁에 다녀오면 되겠다고 생각했다. 어버이날이 되기 전 주말에 남편과 함께 친정에 다녀왔다. 어버이날 저녁에 시댁에 가자고 했더니 남편은 "왜 우리 엄마한테 먼저 안 가고 처가 집에 갔냐?"라면서 화를 냈다. 친정 간 것이 문제가 아니라 어버이날을 맞아서 본가보다 처가에 먼저 간 것에 화가 난 것이다. 평일 퇴근 후에 서울을 다녀오는 게 힘들어서 그렇게 했을 뿐인데 남편이 왜 화를 내는지 이해할 수 없었다. 결국, 우리는 이 일로 시어머니 앞에서 언성을 높이며 싸웠다. 시어머니까지 나서서 남편이 잘못했다고 하시고 나서야 싸움이 끝났다. 남편에게 상황을 설명하고 "거기까지 미처 생각하지 못했다. 미안하다." 이 한마디면 끝날 일이었다. 상대가 나와 반대되는 의견을 말할 때 나를 부정하는 것처럼 느꼈다.

오랜 시간 동안 표현하지 못하고 속으로 눌렀던 감정이 불쑥불쑥 화로 표출되었다. 나의 부정적 감정표현의 가장 큰 피해자는 아들이다. 부부싸움을 한 뒤나 남편과의 불화로 쌓인 스트레스를 아들에게 화풀이했던 걸 생각하면 너무나 미안하다. 아들이 어렸을 때의 일이다. 식탁 끝에 유리컵을 두면 조금만 잘못해도 바닥으로 떨어져 물이 쏟아지고 심지어 컵이 깨질 수도 있다. 아들이 아슬아슬하게 컵을 놓으면 "잘못하면 깨질 수 있으니까 안으로 조금 더 밀어." 이 한마디만 해주면 아무 일도 일어나지 않고 화를 낼 일도 없다. 그런데 그걸 하지 않고 '저러다 깨지지. 컵이 깨지기만 해봐라.' 하면서 아들에게 화낼 준비를 하고 있었다. 항상 화낼 꼬투리를 찾았다. 진짜 나쁜 엄마였다. 분노조절장애까지는 아니더라도 한 번 화가 폭발하면 멈추기 힘들었다. 언제 분출할지 알 수 없는 활화산 같았다.

김용태의 『진짜 감정』과 김윤나의 『말그릇』을 읽고 감정이 본래와 다른 모습으로 위장한다는 것을 알았다. 지금까지 '화'로 표현했던 감정이 원래는 '화'가 아닐 수도 있다. 불안한데 화를 내거나, 우울하고 걱정스러운 일이 있을 때 화를 내기도 했다. '화'와 '나'를 동일시하고 있었다. 나와 감정을 분리하고 '화' 뒤에 숨은 진짜 감정을 찾아야 했다.

2021년 봄, 여성 가수의 트롯 오디션 프로그램인 '미스 트롯2'가 안방을 후끈하게 달궜다. 텔레비전을 안 보지만 이건 꼭 봐야 했다. 딱히 누구를 응원하는 건 아니라서 등수는 중요하지 않았다. 그냥 그녀들의 무대 위 향연을 즐기는 거다. 잘하는 부분에서는 무한 감탄사가 터져 나오고 실수했을 때는 안타까운 마음이 들었다. 토요일 저녁에 재방송을 열심히 보고 있는데 갑자기 7시 뉴스를 했다. '뭐지?' 하며 어리둥절했다. 편성표에 오후 5시 20분, 7시 55분 이렇게 나뉘어 있는 게 이상하다 했는데 중간에 7시 뉴스가 편성된 것이다. 하는 수 없이 방에 들어와 7시 55분이 되기를 기다렸다. 방송 시작 전에 광고하는 시간이 있고, 시작하면 사회자가 채점 방식부터 여러 가지 설명을 할 것 같아서 8시 10분쯤 거실로 나갔다. 친정엄마가 다른 프로그램을 재미있게 보고 계셨다. 미안한 마음에 "엄마, 미스 트롯 볼래?" 하고 물었다. "아니" 엄마가 고개를 절레절레 흔드셨다.

"왜?"

"저거 재밌어."

속상했지만, 방으로 돌아왔다. 그런데 엄마가 텔레비전에 집중하지 않고 자꾸만 집안을 돌아다녔다. TV 소리를 들어보니 보던 프로그램이 끝난듯했다. 이리저리 채널을 돌리다 텔레비전을 꺼버리기까지 했다. 나는 버럭 화가 났다. 텔레비전을 제대로 보지도 않을 거면서 왜 싫다고 한 건지 이해가 안 되었다. '왜 저래?' 하면서 자꾸만 골이 났다. 생각할수록 더 속상했다. 엄마가 사과를 깎아 주었다.

"이 사과는 별로 맛이 없다." 하면서 사과가 담긴 접시를 내밀었다.

"맛없는 걸 왜 먹으라고 해? 안 먹어."

"그래도 안 먹는 것보다는 나아. 그냥 먹어둬."

"안 먹는다고! 맛없다면서 왜 자꾸 먹으라고 해."

짜증을 냈다. 엄마는 사과 접시를 도로 가져갔다. 엄마에게 짜증 내는 내가 싫고 또 미안한 감정이 드는 것도 맘에 안 들었다.

엄마는 왜 그렇게 반응했고 나는 왜 화가 났을까를 곰곰이 생각해 보았다. 나는, 엄마가 당연히 미스 트롯을 보게 해줄 거라는 기대가 있었다. 그런데 내 기대와 다른 엄마의 반응에 나를 무시한다는 생각이 들어 화가 난 것이다. "엄마, 미스 트롯 보자." 했으면 엄마는 그러라고 했을 거다. 이 말에는 내가 미스 트롯을 보고 싶다는 뜻이 포함되어 있다. 그런데 "미스 트롯 볼래?"라는 말은 엄마가 보고 싶은지를 물어보는 것이다. 엄마가 생각하기에는, 엄마도 재밌게 보던 프로그램이라서 다시 보여 주려고 하는 줄 알았나 보다. 엄마는 '미스 트롯'보다 그때 보고 있던 프로그램이 더 재미있었던 것이고, 그 프로가 금방 끝났던 거였다. 보던 프로가 끝났으니 엄마는 화장실을 다녀왔고, 물을 마시고, 사과를 깎아서 가져온 거였다. '화'의 원인을 찾고 보니 엄마의 행동이 이해되어 더 미안했다.

화가 끓어오를 때는 무턱대고 화를 낼 것이 아니라 원인을 찾아야 한다. 그동안 '화'가 '나'인 줄 오해하며 살았다. '화'는 기대했던 것이 어긋났을 때 드는 부정적 생각, 즉 실망감이나 분노를 표현하는 하나의 방법일 뿐이다.

화가 치밀어 오르는 상황에서 화내지 않고 좋게 마무리 지으려면 관점을 다르게 해야 한다. 상대 때문에 혹은 상대의 잘못된 행동이나 말 때문에 내가 손해를 입었다는 생각을 바꿔야 한다. 또 나에게 함부로 대하고 무시한다는 피해 의식을 버려야 한다. 화는 부정적인 생각에서 시작한다. 안 좋은 생각이 떠오르면 좋지 않은 감정이 생기고 '화'라는 행동으로 표현된다. 생각을 바꾸면 다른 감정이 생기고 다른 행동을 하게 된다.

한번은 이런 일이 있었다. 아침에 출근하기 위해 머리를 감는데 갑자기 부정적인 생각이 확 들어왔다. 지금까지의 경험으로 충분히 일어날 수 있는 일이었다. '오늘도 가게 앞에 그 차가 세워져 있겠지?'라는 생각이 불쑥 들었다. 순식간에 상상의 나래가 펼쳐졌다. "매일 이렇게 차를 세우면 어떻게 해요! 다른 데로 옮겨주세요." 이렇게 중얼거렸을 뿐인데 내 안에서 참을 수 없는 분노가 생겼다. 아직 가게 앞이 어떤 상황인지 알지 못하는데도 생각만으로도 화가 치밀어 올랐다. 화가 날 뿐 아니라 어떻게 화낼지 연습하는 나를 보고 깜짝 놀랐다. '내가 지금 뭐 하는 거야? 아침부터 왜 일어나지도 않은 나쁜 상황을 미리 상상하고 화를 내는 거지?' 얼른 좋지 않은 생각을 머리에서 지워버리자 마음이 편해졌다. 이렇게 부정적 감정이 생길 때마다 즉시 떨쳐버리고 생각을 바로잡았다. 나와 감정을 분리하는 연습을 통해 차츰 감정을 다스릴 수 있게 되었다. 화를 통제하자 감정에 여유로움이 생겼다. 화가 나도 진짜 감정을 찾아 적절하게 대처하니 마음의 평화가 찾아왔다.

위기를 기회로

세상은 고통으로 가득하지만, 그것을 극복하는 사람들로도 가득하다.
– 헬렌 켈러

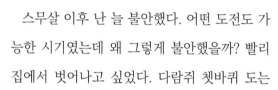

스무살 이후 난 늘 불안했다. 어떤 도전도 가능한 시기였는데 왜 그렇게 불안했을까? 빨리 집에서 벗어나고 싶었다. 다람쥐 쳇바퀴 도는 것처럼 반복되는 일상이 지루했다. 친정아버지와 같이 일하는 것이 싫고 재미없었다. 온종일 아버지와 함께 지내고, 퇴근 후의 시간도 자유롭지 못했다. 아버지의 저녁을 챙기느라 퇴근 후에 약속을 잡을 수 없었다. 옆집에 살던 절친 I와 대문 앞에 앉아서 수다 떠는 것이 전부였다. 대학입시 실패 후에 친구들과 연락을 끊은 채 일을 배우느라 정신없이 바빴지만, 문득문득 외로움이 밀려왔다. 그때 I가 손을 내밀지 않았더라면 내 인생이 어떻게 되었을지 알 수 없다.

I를 만나면서 서서히 다른 친구들과도 다시 연락하게 되었다. 대학생인 친구들에게 뒤지지 않으려고 독서를 선택한

건 본능이자 운명이었다. 책을 읽으며 주의력, 통찰력, 사고력이 향상되고 내 영혼이 성장했다. 독서가 내 삶을 바꿨다. 나도 모르는 사이에 나와 다른 이의 삶을 이해하고 친구들에 대한 열등감에서 조금씩 벗어났다. 나를 잡아준 것은 책이었다. '교보문고 창립자 신용호 회장'의 일대기는 독서만으로도 꿈을 이룰 수 있다는 가능성을 보여주었다.

신용호 회장은 여덟 살이 되던 해에 깊은 폐병에 걸렸다는 진단을 받았다. 폐병을 치료하느라 입학할 나이가 되어도 학교에 가지 못했다. 실의에 빠져 있던 신용호에게, 그의 집에 하숙하던 한 학생이 미국 16대 대통령 링컨의 이야기를 들려주었다.

"용호야, 링컨은 가난해서 학교에 다닐 수 없었지만 엄청난 독서광이었어. 일하면서도 틈나는 대로 책을 읽은 것이 그가 대통령이 되는 원동력이 되었어. 대통령이 되어서 남북전쟁을 승리로 이끌고 노예해방을 선언했어. 일본 식민지하에서 어렵다고만 할 게 아니라 동생들 책을 빌려서 공부해 봐."

이 말을 듣고 그는 어머니가 구해 온 몇 권의 책으로 공부를 시작했다. 혼자 힘으로 중학교 과정을 마치고, 스무 살이 되기 전까지 천 일 동안 책 읽기에 도전했다. 천 일 독서 경험이 그를 성장시켰고, 삶에도 큰 영향을 끼쳤다.

'내 상황도 바뀔 수 있지 않을까?' 하는 희망이 생겼다. 신용호 회장처럼 큰 인물이 되지는 못했지만 나도 독서를 통해 이십 대의 위기를 잘 넘길 수 있었다. 신용호 회장의 일대기를 읽고, 독서로 삶을 변화시켰다는 점에서 나와 비슷하다고 생각했다. 한 분야에서 성공한 거인과 동일한 생각을 했다는 것만으로도 어깨가 으쓱 올라갔다.

다수의 성공한 사람들이 위기를 기회로 만들었다고 고백했다. 모든 것은 마음먹기에 달렸다. 할 수 있다고 생각하면 방법이 보이고, 못한다고 하면 변명거리를 찾게 된다. 사람이 생각할 수 있는 것은 결국 자신이 상상할 수 있는 한계 안이다. 그 상상이 어둠으로 가득 차 있다면 그의 인생은 어두울 수밖에 없다. 인생을 살면서 문제는 언제나 생긴다. 그러나 그 문제를 어떻게 바라보는지에 따라 대응하는 모습은 달라진다. 안 된다는 부정적 생각을 버리고 긍정적으로 생각하도록 노력했다. 문제는 주어진 것이지만 선택은 항상 나의 몫이었다. 위기는 '기회'라는 마인드로 가치관을 바꾸고 관점을 달리했더니, 위기가 넘지 못할 산으로 보이지 않았다.

누구나 그렇지만, 내 인생을 돌이켜보니 굴곡이 많았다. 당연히 붙을 줄 알았던 대학에서 떨어지고, 편집디자이너가 되면 구속에서 벗어날 수 있겠다 싶어서 더 열심히 배웠는데 그 꿈이 아버지의 반대로 좌절되었다. 그때의 절망감은 말로 표현할 수 없을 정도로 컸다. 결혼으로 새로운 인생을 살고 싶었으나, 너무 힘든 삶이 찾아왔다. 고비 고비를 넘기며 어느 정도 편안해졌다고 생각하자 아버지가 돌아가시고 아버지의 일을 이어받아 자영업을 시작했다. 그마저도 얼마 지나지 않아 세 들었던 상가가 경매에 넘어갔다. 역경은 끝없이 이어졌다. '다른 선택을 했다면 어땠을까?'라는 생각도 해봤다. 하지만 그때는 변화를 만드는 방법을 몰랐다. 분명히 방법은 있었겠지만, 나의 경험과 사고가 문제를 해결할 만한 능력이 되지 않았다.

실존 철학자 장 폴 사르트르는 이렇게 말했다. "인간은 결국 자기 그릇에 걸맞은 인생밖에 걸을 수 없다." 모든 일이 그렇지만 사건 안에 들어가 있으면 해결책을 쉽게 찾을 수 없다. 문제에 갇혀 있으면 문제만 바라본다. 문제를 벗어날 수 있어야 비로소 해결책을 찾을 수 있다.

이십 대에는 서른만 되면 모든 고민이 해결되고 평탄한 인생을 살 줄 알았다. 하지만 삶은 그렇게 호락호락하지 않다. 마흔이 되고, 쉰이 넘어도 여전히 불안하고 미래는 불확실했다. 오히려 나이가 들수록 더 미궁으로 빠지는 것 같았다. 가게가 경매로 넘어간 후 "도대체 나만 왜 이래."라는 말을 입에 달고 살았다. 그때 다시 만난 것이 책이었다. "그대에게 행복을 가져다주는 책은 없다. 그러나 책은 은밀하게 그대를 그대 자신 속으로 되돌아가게 한다."라고 헤르만 헤세가 말했다. 정말 그랬다. 책을 읽는 자체가 행복을 주지는 않는다. 그러나 책을 읽으면 새로운 것을 배우는 즐거움이 있다. 젊은 날 소설이나 수필, 시집을 읽었어도 눈에 띄게 큰 변화는 없었다. 이런 부류의 책은 세심하게 살펴야 삶 속에서 묻어나는 변화를 감지할 수 있다. 반면 자기계발서를 읽을 때는 변화를 쉽게 체감할 수 있었다.

쉰 살이 되어 "열심히 살았는데 이게 뭐야?" 를 외칠 때도 책에서 답을 찾았다. 무조건 열심히만 한다고 다 이루어지는 것은 아니다. 반드시 목적이 있는 열심이어야 한다. 내가 하는 모든 것이 하나의 목적을 향한 것이어야 했다. 그러나 나는 그러지 못했다. 목적이 없는 삶은 핸들이 고장 난 자동차와 같았다. 어디로 갈지 방향을 잡지 못하고 갈팡질팡했다.

그러다 책을 읽으며 미래를 계획하는 방법을 배웠고 삶의 방향도 결정했다. 독서가 사람을 변화시키고 성장하게 한다는 것을 몸소 체험하며 실감하고 있다. 읽은 책이 쌓여 가면 어느 순간 자신도 모르는 사이에 지혜가 생기고 내면의 힘을 얻게 된다. 살면서 고난이 닥쳐 어찌할 바를 모를 때 책에서 해결책을 찾기도 한다. 상황이나 환경이 변한 것이 없는데도, 다시 힘을 내고 달릴 수 있는 것은 지난 4년간 꾸준하게 책을 읽은 결과물이다.

내 인생의 주인공이 되다

"사는 게 왜 이렇게 재미없지?"

 나는 'No'가 잘 안되는 사람이었다. 남을 배려하느라 자신이 행복하지 않다면, 그것은 분명 잘못된 것이다. '남을 배려해야 한다.'라는 명제가 성립하려면 '내가 상처받지 않는다.'라는 전제조건이 있어야 한다. 나의 욕구와 상관없이 다른 사람에게 맞추려고 하면 자신의 감정을 억누를 수밖에 없다. 지나치게 남을 의식하면 '나'라는 존재는 없어진다.

나를 가스라이팅 하려는 사람이 있었다. 그녀는 자신이 원하는 것을 얻기 위해 교묘하게 나를 이용했다. 나와의 약속을 여러 번 어기고도 사과 한마디 없이 아무렇지 않게 대했다. 그 일로 화가 났지만 속으로 삭이며 참았다. 내가 참을수록 그 사람은 점점 더 나를 무시했다. 그날도 역시 만나기로

한 장소에 나타나지 않고 전화도 받지 않았다. 부재중 전화 표시가 떴을 텐데 연락이 없었다. 참을 수 없는 분노가 끓어오르고 자존심도 상했다. 말해야 하나 참아야 하나를 두고 이틀을 고민했다. 그녀가 나에게 함부로 하는 것을 허용한 내 잘못이 크다는 결론에 도달했다. 내가 나를 지키지 않는데 누가 나를 지켜주겠는가. 약속을 어긴 후에도 안하무인으로 일관하는 것을 더는 용납하면 안 되는 것이었다. 용기를 내어 더는 이 관계를 유지할 이유가 없다고 절교의 메시지를 보냈다. 무거운 짐을 내려놓은 것처럼 홀가분했다. 메시지 한 통이면 해결될 일을 몇 년 동안 고통받았다.

‘No’를 못한 탓에 원하지 않는 인생을 살았다. 아버지의 반대로 편집디자이너의 꿈이 좌절되었고, 남편의 청혼할 때는 ‘싫다’라는 말을 못 해 불행한 결혼 생활을 했다. 이 두 번의 경험은 내 인생을 크게 바꿔놓았다. 실패에 대한 트라우마가 생겼다. 내 의지와 상관없이 누구나 실패할 수 있다. 그러나 실패에 어떻게 반응하는지는 내가 선택한다. 한 번의 실패에 무너지는 사람이 있고 그것을 발판으로 도약의 기회로 삼는 사람이 있다. 나는 전자의 삶을 살았기 때문에 실패하는 것이 두려웠다. 실패한 사람은 인생의 낙오자라고 생각했다. 남 앞에 무언가를 보여 줄 때는 언제나 완벽해야 했다. 생각했던 것보다 조금이라도 어려운 상황이 닥치면 '이거 해봐도 어차피 안 될 텐데.' 하며 쉽게 포기하곤 했다. 괜히 시작했다가 실패하는 것보다 차라리 아무것도 하지 않는 쪽을 선택했다. 가만히 있으면 실패할 일이 없다. 그러나 시도하지 않으면 성공도 없다는 것은 미처 생각하지 못했다. 실패했을 때 나를 어떻게 평가할지 두려웠다. 이런 이유로 원하는 것이 있어도 쉽게 행동에 옮기지 못했다. 실패의 두려움은 내 생각과 행동뿐 아니라 운명까지 좌지우지했다.

인생에는 정해진 규칙이 없다. 실패하면서 자신에게 맞는 삶의 방식을 찾아가는 것이다. 실패는 끝이 아니다. 잘못된 것을 수정하여 더 나은 방향으로 나아가라는 신호. 어제 실패한 걸 보완하여 더 나은 오늘을 살고 오늘의 실패를 수정해서 더 성장하는 내일을 만들면 된다. 요즘 나의 목표는 '어제보다 1% 더 성장한 오늘'을 만드는 것이다.

자기계발서를 읽으며 가장 많이 본 것이 목표를 설정하라는 것이었다. 책에서 가장 많이 요구하는데 나는 그 부분이 특히 약했다. 목표라는 단어만 봐도 머릿속은 하얀 백지장이 되었다. 하루의 계획부터 크게는 5년, 10년 후를 계획하고 더 나아가 인생 전반에 걸친 계획을 세워보라고 했다. 그런데 나는 하루를 계획하는 것조차 막막했다. '할 일을 적었다가 다 못하면 어쩌지?'라는 부정적 생각이 먼저 들었다. 할 수 있는 방법을 찾아보기 전에, 안 되는 경우를 미리 떠올렸다. 어떻게든 해보겠다는 의지도 부족했다. 하루에 다 못하면 계획을 고쳐서 내일 하면 된다. 그런데 계획을 수정하는 것이 실패라고 여겼기에 옴짝달싹할 수 없었다. 나는 한 번 실패는 영원한 실패라고 생각했던 사람이었다.

 '생각하는 대로 살지 않으면 사는 대로 생각하게 된다.'라는 말이 있다. 나는 '사는 대로 생각하는 게 뭐 어때서?'라고 생각했다. 사는 대로 생각하면서도 잘 사는 사람이 있다고 판단할 수 있다. 그러나 개인이 가지고 있는 경험과 의식의 수준에는 한계가 있다. 사람은 자신이 가지고 있는 것보다 더 큰 꿈을 꾸지 못한다. 미켈란젤로는 사람들에게 가장 위험한 일은 목표를 너무 높게 잡고 이르지 못하는 것이 아니라 목표를 너무 낮게 잡고 거기에 쉽게 도달하는 것이라고 했다. 나의 수준을 높이지 않으면 내 생각에 갇히게 된다. 사람들은 어려운 일이 눈앞에 닥쳤을 때, 각자 가지고 있는 생각의 틀 안에서 해결책을 찾게 된다. 문제를 해결하기 위해서는 문제보다 더 높은 차원의 의식 수준을 갖추어야 한다. 그러려면 끊임없이 사고의 폭을 넓히며 성장해야 한다. 사유하는 시간 없이 성장하는 것은 불가능에 가깝다.

그런데 나는 삶에 대해 생각하는 시간은 고사하고 눈앞에 닥친 일을 수습하기에도 시간이 부족했다. 생각하는 대로 살기 위해서는 목표와 계획이 아주 중요하다. 목표가 없으면 삶의 방향을 잃어버리고 엉뚱한 곳으로 가며 에너지와 시간을 낭비한다. 목표를 정하고 그것을 향해 나아가며 실천하는 것은 힘든 일이다. 이런 이유로 사람들은 사는 대로 생각하려는 경향이 크다. 이런 현상을 극복하기 위해 나는 할 수밖에 없는 환경을 만들었다. 그중에 제일 효과적이었던 것은 '공개선언'이었다. 한 달 동안 블로그에 1일 1 포스팅을 선포했다.

공개적으로 선포했을 때 말한 대로 행동하려고 더 노력할 수밖에 없다. 내가 한 말에 대한 책임감도 있고 다른 사람과의 신뢰에도 관련이 있기 때문이다. 2년 전부터 책을 쓰겠다고 마음속으로 생각하고 몇 명의 지인에게만 말했다. 그때는 진도가 나가지 않아 마음에 부담만 생겨 괴로웠다. 이제

다시 책을 쓰면서, 만나는 사람마다 "나 책 쓰고 있다."라고 선포했다. 잘하라는 격려와 함께 기대감을 보이니 안 쓸 수 없었다. 지금도 나 자신과의 약속보다는 지인들의 기대를 저 버리면 안 된다는 마음이 더 크다. 글을 쓴다는 목표를 정하고 쓸 수밖에 없는 환경을 만들지 않았다면 또 흐지부지되었을 것이다. 그렇게 되면 내 수준을 높일 좋은 기회를 놓치게 된다. 목표를 정하지 않았다면 '힘든데 쓰지 말자.' 하며 또 포기했을지도 모르겠다. 그러나 지금 나는 책을 출간한다는 목표를 정하고 글을 쓰며, 생각하는 대로 나의 삶을 이끌어 가기 위해 노력하고 있다.

남의 눈치나 보며 힘겨웠던 나의 인생이 책을 읽으며 역전되었다. 그동안 읽었던 책이, 다른 사람의 시선을 의식하지 않고 나만의 길을 걷게 해주었다. 생각보다 많은 사람이 사는 대로 생각하며 산다. 그런 삶은 주어진 환경에서 최선을 다해 살지만 만족함을 얻지 못한다. 생각을 바꾸면 인생이 바뀐다. 생각을 바꾸는 게 쉬운 일을 아니지만, 독서는 그것을 가능하게 한다. 전과 다른 삶을 살고 싶다면 지금 당장 책을 펼쳐라. 책 속의 성공한 이들을 따라 하는 것이 가장 빠르게 성공하는 방법이다.

나 역시 책을 읽었더니 고정관념이 깨어지고 내 삶에 패러다임의 전환이 일어났다. No를 말하며 나 자신을 찾았고, 목표를 정하고, 계획을 세우고 실천하며 생각하는 대로 살기 위해 노력하고 있다. 남의 시선에 주눅 들지 않고 소신껏 나의 길을 가고 있다. 비로소 내 인생에서 진정한 주인공이 되었다.

5장

아마추어 카운슬러

삶은 보는 각도에 따라 달라 보인다.
슬픔에 휘둘리지 않고 나로 살아가는 방법

착한 사람 콤플렉스

"나 오물을 뒤집어 쓴 기분이야."

출근하여 업무에 필요한 것을 간단히 정리하고 책상 앞에 앉았다. 크리스마스 찬양 첼로연주를 들으며 커피를 마시고 있었다. 구수한 커피 향에 젖어 기분 좋게 여유로운 시간을 즐기는데 이 평화로운 시간을 깨고 스마트폰 벨이 울렸다. 친자매처럼 지내는 P언니였다.

"응, 언니."
"바쁘니?"
"아니 괜찮아. 언니, 잘 지내지?"
"아니 기분이 엉망이야."

언니는 며칠 전에 겪은 일로 화가 많이 나 있었다. 언니가 활동하는 단체모임에서 친하게 지내는 W와 있었던 일이다. 매년 12월이 되면 다음 해의 팀장을 선출하는데 후보에 오른 네 명 중 W가 제일 많은 표를 획득했다. W가 회의에 참석하지 않은 상태에서 투표가 진행된 것이 문제였다. 자신이 없는 상태에서 회장으로 선출된 것에 화를 냈다. 평소 그녀와 친하게 지냈던 P언니가 W를 달래주었다. 그녀는 종로에서 뺨 맞고 한강에서 화내는 사람처럼 엉뚱하게 P언니에게 화풀이했다. "이 단체 지겹다, 더 이상 못 참겠다, 떠나야겠다, 다들 나한테 왜 이러냐?"는 등 그냥 뒀다가는 큰일날 것 같은 분위기였다. 그런 W를 위로하다 보니 W의 감정이 언니에게 전이되어 몹시 괴로웠다.

이 일로 언니는 꼬박 이틀을 앓았다. 스트레스를 이기지 못하고 병이 났다. 그런데 정작 W는 아무 일 없었다는 듯이 단체에서 행동했다. P언니에게는 이렇다 저렇다 말 한마디 없었다. 왜 그러는지 이유를 알 수 없어 언니는 당황스럽고 화가 난다고 했다.

"어이쿠, 언니 많이 힘들었겠네. 어떻게 된 건지 W한테 물어봤어?"

"아니, W가 아무 말도 안 해."

"W 때문에 생긴 일인데 물어봐야지."

"지가 전화하겠지. 기다리는 동안 너무 화가 나. 오물을 뒤집어쓴 기분이야. 마땅하게 얘기할 데가 없어서 너한테 전화한 거야."

"전화 기다리는 동안 언니 몸과 마음만 상해. W는 아무렇지도 않은데 언니가 왜 힘들어야 해? 혼자 속 태우지 말고 그냥 먼저 물어봐."

언니는 어떻게 물어봐야 할지 모르겠다고 했다. "내가 너한테 서운하게 한 거 있니? 다른 사람하고는 잘 지내는 것 같은데 나한테 아무 말이 없어서. 네가 그 일 이후에 말이 없으니 내가 좀 힘들다." 전화해서 이렇게 말해 보라고 조언했다. 이런 문제는 언니 혼자 해결할 수 있는 게 아니다. 상대의 마음을 아는 게 중요하다. 문제를 해결하는 열쇠는 상대에게 있다. 언니의 모습을 보니 예전의 내 모습과 겹치면서 마음이 아팠다. 나 역시 이런 일을 겪으면 안절부절못하며 속으로 끙끙 앓던 때가 있었다.

며칠 후 언니에게 또 전화가 왔다. W가 사과를 했는데도 개운하지 않다고 했다. W는 자신의 마음이 정리될 때까지 기다려 줄 것으로 알았다며 적반하장으로 도리어 언니를 원망했다. 단체에 들어간 지 얼마 되지 않아 말이 새어 나갈 염려가 없어서 언니에게 편하게 말한 거라고 했다. 자신이 말할 때까지 기다리지 않았다고 속 좁은 사람 취급하며 사람을 잘못 봤다는 식이었다. 사과한다면서도 모든 것을 언니 탓으로 돌렸다. 언니를 대하는 태도도 전보다 더 냉랭했다. 표면적으로 사건이 해결된 것처럼 보였으나 언니의 상처는 더 깊어졌다. 보이지 않는 이 갈등을 견디지 못하고 결국 언니가 단체를 떠나기로 했다.

떠나기로 마음을 정한 후에 언니 혼자만의 갈등이 다시 시작되었다. 단체 대표와 남아있는 회원, W와 어떻게 마무리 지어야 할지 몰라 고민했다.

"언니, 남아있는 사람들 생각하지 말고 언니 먼저 생각해. 그 사람들보다 언니가 더 중요해."

"그래도 내가 나가면 뒤에서 무슨 말을 할지, 그리고 나를 어떻게 생각할지 걱정이야. 대표님이 무슨 잘못이야. 나 때문에 맘이 심란할 텐데…."

"옛말에 '없는 자리에선 임금님도 욕한다.'라고 했어. 어차피 그 사람들 안 볼 텐데, 남들 말에 신경 쓰지 마. 대표님 감정도 그건 그분 몫이야. 지금 상황에서는 언니가 어떻게 해도 그분한테 위로가 안 돼. 그러려면 언니가 그 단체에 남아있어야지."

나도 오십 년을 언니와 같은 고민을 하며 살았다. 우리는 모든 사람에게 예의 바르고 착한 사람이 되어야 한다는 교육을 받고 자랐다. 예의 없고, 성질이나 품행이 좋지 않은 사람과 어떻게 지내야 하는지 배운 적이 없다. 진정한 친구 관계가 어떤 것인지 알지 못한 채 사이좋게 지내라는 말만 들었다. 남을 먼저 생각하고 내가 좋은 사람으로 보이기 위해 애썼다. 그러나 모든 사람이 나를 좋아할 수 없다. 모든 사람과 잘 지내려면 내가 모든 사람에게 맞춰야 한다. 그러면 내가 없어진다.

내가 어떻게 하더라도 싫어하는 사람이 있을 수밖에 없다. 이렇게 하면 저 사람이 싫어하고, 저렇게 하면 이 사람이 싫어한다. 이도 저도 아닌 곤란한 상황이 되어 양쪽에서 공격받기도 한다. 스스로 나를 착한 사람으로 생각했고, 안 좋은 소리 듣는 것이 두려워서, 반대편을 만들지 않으려고, 다른 사람이 나를 싫어하는 게 싫어서 등 여러 가지 이유로 다른 사람의 비위를 맞추며 살았다.

그러나 불쾌한 말을 듣지 않는 것이 착한 사람은 아니다. 나를 싫어하는 사람은 어느 곳에나 있다. 모두에게 착한 사람보다는 내 마음이 편한 게 더 좋다. 예의를 지키며 바르게 살면 된다. 나 아닌 외부에 초점을 맞추고 쓸데없이 에너지를 소모하는 착한 사람 콤플렉스에서 벗어나야 한다. 『미움 받을 용기』라는 책 제목이 있는 것처럼 욕먹는 것을 두려워할 필요 없다. 절대 모든 사람이 나를 좋아할 수 없다. 내가 모든 사람에게 잘할 필요가 없는 것처럼 상대에게는 나를 싫어할 권리가 있다. 남의 감정까지 내가 조절할 수는 없다.

잘 지내던 사람이 이유도 말해주지 않고 갑자기 차갑게 대하고 얕잡아보는 태도를 보일 때 혼자 끙끙 앓았던 적이 많았다. 가만히 생각해보니 나를 무시하는 이유보다 상대가 나를 싫어하는 것에 더 스트레스를 받았다. 상대가 나를 싫어하는 것은 그 사람 마음이다. 모두를 만족시킬 수 없기에 '누군가는 나를 싫어하게 되어 있다'라고 생각하면 마음이 편하다.

나와 몇 차례의 통화 후에 P언니는 평화로운 일상으로 돌아갔다. 타인에게 나를 맡기면 안 된다. 나와 P언니처럼 착한 사람 콤플렉스가 있는 사람은 자신의 감정을 전하는 것에 어려움이 많다. 나 역시 심장이 떨려 포기한 적이 많았다. 그러나 상대가 나에게 무례하게 대하도록 내가 만들었다는 생각에 이르렀다. 용기를 내어 "아니오"라고 말하는 건 순간이지만 그 이후로 쭉 마음의 평안을 얻는다. 주저하지 말고 'No!'라고 말하는 사람이 되자. 내가 나를 소중히 여겨야 남도 나에게 함부로 대하지 않는다.

힘든 시간을 보내는 이에게

"저한테 왜 이러는지 모르겠어요."

코로나가 한창 기승을 부리던 2021년 8월에 내가 운영하는 매장과 같은 건물에 입점해 있던 커피숍의 주인이 바뀌었다. 맏언니같이 푸근하고 정겹던 여사장님에서 내 아들과 동갑인 풋풋한 아가씨가 새 이웃이 되었다. 싱그러운 향내가 물씬 풍기는 그녀의 젊음이 부러웠다. 수줍어하는 모습을 보고 있으면 저절로 엄마 미소를 짓게 된다. 어린 나이에 자신의 직업을 찾아 새 출발 하는 그녀가 대견했다.

2021년엔 여름 내내 비가 내리며 장마가 유난히 길었다. 그녀는 8월에 매장을 인수했는데 비가 계속 내려 인테리어 공사가 늦어졌다. 매장을 인수하고도 한참 동안 개업하지 못했다. 옆에서 지켜보는 내가 다 속이 타들어 가는데 본인은 오죽했을까? 싶은 마음에 짠하고 안타까웠다. 코로나 때문에 내 코가 석 자였지만 엄마 마음으로 걱정하다 보니 나 혼자 그녀에게 더 친근감이 생겼다. 달팽이보다 느렸던 인테리어 공사가 마무리되고 간판까지 달았다. 드디어 오픈했다며 그녀가 떡을 가져왔다. 그녀의 엄마까지 찾아와서 딸을 부탁했다. 그 말에 뜬금없이 그녀를 잘 보살펴야 한다는 의무감이 생겼다. '나 왜 이러지?' 하며 피식 웃음이 새어 나왔다. 우여곡절 끝에 본격적으로 영업을 시작할 즈음에 코로나 확진자가 크게 크게 늘었다. 매장에서 음료를 마시지 못하고 포장만 허용되는 영업 제한이 추석까지 이어져 타격이 컸다.

"저한테 왜 이러는지 모르겠어요." 하며 그녀가 울음 섞인 목소리로 하소연했다. 안타까운 마음이 들어 커피를 사러 갈 때마다 위로의 말을 건넸다. 아무 말도 하지 않고 커피가 나오기를 기다리는 어색함을 덜고 싶은 마음도 있었다. 그것이 계기가 되어 한 번 갈 때마다 수다를 늘어놓았다. 나중에는 커피를 사고 그냥 나오려고 하면 왠지 서운한 느낌마저 들었다. 뭐라도 얘기해야 할 것 같아 수다를 늘어놓았다. 습관이란 것이 얼마나 무서운지……. 찰스 두히그의『습관의 힘』에 습관 만드는 과정이 나온다. 어떤 신호가 오고 그에 따라 행동하고 보상을 주는 3단계가 반복되면 새로운 습관이 만들어진다고 저자는 말한다. 나는 커피가 마시고 싶어지면 인스턴트 블랙을 타서 마시기도 하지만 원두로 내린 커피가 마시고 싶을 때가 있다. 그때 커피숍에 가서 그녀가 커피를 준비하는 동안 한마디씩 했다. 보상으로 그녀가 긍정적인 반응을 보인다. 이런 과정을 거쳐서 커피숍을 가면 뭔가 그녀에게 동기부여가 될 만한 이야기를 하고 오는 것이 습관이 되었다. 습관 만드는 이야기, 세상 돌아가는 이야기, 지친 그녀를 위로하는 등 이야기의 소재는 상황에 따라 달랐다. 어느 순간부터는 그녀도 내 얘기를 기대하는 것 같아서 커피숍 방문 전에 '오늘은 무슨 말을 할까?'를 궁리하기도 했다. 그녀에게 도움 될 만한 것이 있으면 커피 산다는 핑계로 방문한 적도 있었다.

그녀가 잘 받아주니, 나는 신이 나서 점점 말이 많아졌다. 처음엔 내가 잘 알고, 매일 하는 독서에 관해 이야기했다. 그녀의 반응은 시큰둥했다. 좀 의외였지만 그럴 수 있다고 긍정적으로 생각했다. 이미 여러 번 경험했기 때문에 새로운 일도 아니다. 2019년 통계청 자료에 의하면 우리나라 인구 1인당 평균 독서량은 7.3권이다. 평균이 그렇다는 것은 1년에 7.3권도 읽지 않는 사람들이 많다는 의미다. 독서를 많이 하는 사람들은 일 년에 100권 이상 읽는 이도 많아서 한 권도 안 읽는 사람은 훨씬 많은 셈이다. 이런 현실에서 독서 모임과 관련되지 않은 사람에게 책을 이야기하는 건 쉬운 일이 아니다. 나의 친정엄마도 좋은 책을 함께 읽고 싶어서 책을 건네면, 충분히 읽을 만한 분인데도 이런저런 핑계를 대며 싫다고 하는 게 이해가 안 된다고 했다. 내 경우에도 책 이야기를 할 수 있는 지인이 몇 안 된다. 이런 걸 고려 할 때, 책 얘기를 잘 들어주는 그녀가 고마웠다. 책 읽는 것에 대해 이것저것 말하는 중에 독서 모임에 관한 말이 나왔다.

"코로나 시기에 어떻게 만나요?"

"직접 만나는 건 아니고 온라인으로 해요. 책 읽고 줌으로 얘기 나누는데 재밌어요. 예전에는 모임 장소가 멀어서 힘들었는데 온라인으로 하니까 장소에 구애받지 않아서 좋아요."

혹시 그녀가 같이 책을 읽으려나 하고 기대하며 온라인 독서 모임을 설명했다. 며칠 후 그녀의 친구가 궁금해한다며 질문을 했다.

"온라인 독서 모임은 어떻게 가입해요?"

"인터넷 검색하면 돼요. '온라인 독서 모임'으로 검색하면 많아요. 모임마다 진행방식에 개성이 있어요. 자신한테 맞는 것 찾아서 하면 돼요."

"저는 책 읽는 거 안 좋아하는데, 친구가 물어봐 달래요. 원래 독서 모임 하고 있었는데 코로나 때문에 혼자 하려니 힘들대요."

그녀에게 실질적인 도움을 준 건 아니지만 내가 좋아하고 잘 아는 것을 다른 사람에게 나누는 것이 뿌듯했다.

코로나에 영업 제한까지 겹쳐 매출을 걱정할 때는 조성민 작가의 『작은 가게 성공 매뉴얼』을 소개해 주었다. 조성민 작가가 운영하는 '카페허밍'을 성장시킨 노하우가 들어있는 책이다. 책 내용을 간단하게 들려주었다. "그래요? 그렇게 하면 사람들이 싫어할 것 같은데 아니네요." "아, 네" 등 그녀는 여러 가지 반응을 보였다. 당시 내가 참여하고 있던 독서 모임에도 성남에서 카페를 운영하는 분이 있었다. 독서 모임 이름이 '생존따라쟁이 독서모임'이었다. 성공한 사람들을 따라 하다 보면 나도 성공하게 된다는 의미에서 지어진 명칭이다. 독서 모임 이름에 걸맞게 카페 사장님은 '카페허밍'을 방문했다. 독서 모임 방장으로부터 방문 전에 체크해야 하는 것을 꼼꼼히 지도받고 추석 연휴에 다녀왔다. 그곳에서 많은 긍정적 도움을 받고 동기부여가 되어 영업 방향을 다시 설정하고 희망적인 마음을 가지게 되었다는 방문 후기를 들었다. 다른 사람의 카페 경험 등 여러 방법으로 그녀를 응원했으나 개업한 지 1년 만에 폐업했다. 잘 되길 진심으로 바랐는데 폐업한다는 소식을 들으니 안타까웠다.

그녀에게 얼마나 도움이 되었을지 알 수 없으나 책을 읽고 내 안에 쌓아둔 것을 다른 사람에게 얘기하는 것이 무척 좋았다. 사실, 내가 말해준 대로 했다 하더라도 그녀가 성공하리라는 보장은 없었다. 조금이라도 도움이 되었으면 좋겠다는 마음이 있었기에 그녀에게 조언 아닌 조언을 하는 중에, 나는 새로운 사실을 알게 되었다. 그때까지만 해도 나는 늘 부족한 사람이고 많이 배워야 한다고 생각했다. 글을 쓰고 싶은 마음은 있지만, 실행에 옮기지 못하는 것이 나의 부족함 때문이라 여겼다. 그런데 책을 읽고 많이 배웠으나 다른 사람에게 전할 기회가 없었기에 예전과 달라진 내 모습을 깨닫지 못했던 것이다. 남에게 도움이 되는 사람이 되고 싶었으나 가진 것이 부족하여 나눌 수 없는 것이 안타까웠다. 나도 분명 장점이 있는 사람일 텐데 그것이 무엇인지 궁금하면서도 답답했다. 그녀와 얘기를 나누며 이 부분이 해결되었다.

　독서를 통하여 나도 모르는 사이에 내 안에 많은 것이 쌓여 있었다. 그녀와의 대화는, 주눅 들고 소심한 탓에 내 안으로만 파고들던 '나'에서 외부로 한 발 나아가는 계기가 되었다. 나도 충분히 남을 도울 수 있다는 자신감이 생겼다. 그녀를 돕고 싶은 마음에서 시작된 이 만남은 어려운 시기에 마음을 나누는 소중한 시간이었다. 더불어 세상을 향해 나아가는 도약의 발판이 되었다.

독서를 시작한다면

"권사님, 저 책을 읽어야겠어요."

4년 전 변화를 위한 독서를 시작했을 때 책에
관한 얘기를 나눌 사람이 마땅치 않았다. 같은
시기에 책을 읽기 시작한 지인 B 외에는 아무
도 없었다. 그저 흥미로 읽는 책 말고, 심도 있게 읽고 진지
하게 대화할 상대가 필요했다. B와 나는 그런 대상을 찾고
있었다. 코로나가 발생하기 전이라 온라인 독서 모임의 존
재를 모를 때였다. 오프라인으로 참여하고 싶었으나 인천에
서는 거의 찾아볼 수 없었다. 운 좋게 발견한 곳은 우리와 시
간이 맞지 않았다. 수도권이라 그런지 독서 모임은 대부분
강남에 몰려있었다. 평일에 퇴근 후 7시까지 강남을 가는 건
불가능했다. 일요일 아침 일찍 모이는 곳은 교회 예배시간과
맞물려 불가능했다. 이래저래 상황이 여의치 않아 실망하고
있을 때였다. 우연한 기회에 성가대에서 함께 헌신하는 H와

책을 주제로 얘기를 나눴다. 책 얘기에 긍정적인 반응을 보이는 것에 흥분되었다. 그러나 더 이상 진행되지 못하고 거기서 끝이 났다. H와 함께 독서 모임을 만들고 싶었으나 흐지부지되고 말았다. 아쉬움이 컸다.

그렇게 B와 단둘이서 같은 책을 읽고, 다른 책을 읽기도 하며 독서 모임을 했다. 둘이 하는 독서 모임이지만 나름대로 규칙이 있었다. 서로 책을 빌려달라고 하지 않는 것이다. 얌전하게 읽기만 하는 것이 아니라 책 귀퉁이를 접고 형광펜으로 표시하고 여백에 메모까지 하기 때문이다. 상대가 추천하는 책은 도서관 대출을 이용하거나 구매해서 읽었다. 우리가 만날 때마다 대화의 주제는 책이었다. 책을 읽고 서로의 생각을 주고받은 것이 우리 두 사람 모두에게 큰 도움이 되었다.

해가 일찍 뜨는 여름에는 아침 일찍, 출근하기 전에 집 앞 공원에서 책을 읽었다. 그 시간 공원에는 애완견을 산책시키러 나온 사람이 있고 주로 운동하러 많이 나온다. 전망이 좋은 벤치에 앉아 책을 읽으면 세상을 다 얻은 것 같았다. 비가 오는 날에는 차에서 빗소리를 들으며 읽기도 했다. 이렇게 B와 함께 2년 동안 책으로 데이트했다.

지난해 1월에 B가 식당을 개업하여 전처럼 시간을 낼 수 없었다. 그와 더불어 코로나가 터지는 바람에 더 만나지 못했다. 오프라인에서 책을 가지고 대화할 수 있는 상대가 사라져버렸다. 서운했지만 뾰족한 수가 없었다. 허전함을 온라인 독서 모임으로 채우고 있을 때 H가 다시 내 앞에 나타났다.

"권사님, 저 책 읽어야겠어요."
"아! 그래요?"
"업무에 도움이 되는 책을 읽고 싶은데 어떻게 해야 할지 모르겠어요."

도움을 청하는 H의 말이 어찌나 반갑던지. 책을 매개체로 우리는 급속히 가까워졌다. 함께 도서관에 가서 H에게 도움이 될 만한 책을 추천해 주었다. 자기계발을 목적으로 책을 읽으려면 독서법을 알아야 한다. 소설이나 수필, 시집과는 성격이 다르다. 책 내용을 자신에게 맞게 적용하여 변화를 끌어내야 한다. 어느 책이나 마찬가지지만 특히 자기계발서는 더 강조된다. 책을 읽고 하나라도 실천해서 내 것으로 만드는 것이 중요하다. 사상가 윌리엄 블레이크는 '행동하지 않는 생각은 쓰레기에 불과하다.'라고 했다. 단지 아는 것만 가지고는 변화와 성장을 경험할 수 없다. 하나라도 실천하는 것이 중요하다

"권사님, 책은 다 읽었는데 어떻게 적용해야 할지 막막해요."

"읽은 책에서 가장 중요하고 자신에게 필요한 한 가지만 따라 해봐요."

"에게, 그렇게 해서 뭐가 달라지겠어요?"

"그렇지 않아요. 책에 있는 거 다 따라 하려고 하면 힘들어서 못 해요. 일주일에 책 한 권 읽고 한가지씩 실천한다고 가정할 때 1년이면 52주, 52개를 실천하는 거예요. 1년에 52개만큼 성장하는 거예요."

"아! 그러네요. 그렇게 해볼게요."

우리는 도서관을 오가며 또는 커피를 마시며 책을 주제로 얘기를 이어갔다. H를 만날 때마다 내가 알고 있는 것을 알려 주고 싶었다. H가 물어보지 않아도 도움이 될 것 같으면 무작정 얘기를 이어갔다. 책에서 배운 것과 내가 깨달은 것, 강의내용을 정리한 것이 이야기의 주제였다.

"목표를 달성하기 위해서는 선택과 집중이 필요해요."

"아! 그래요?"

"A라는 목표를 정했으면 그 목표를 이루기까지 자신이 하는 모든 것이 A를 달성하기 위한 것이어야 해요. 나를 예로 들면, 나는 올해 안으로 책 초고를 완성할 거예요. 책을 읽고 운동을 하고 산책하고 음악을 듣는 것 등 모든 것이 초고 완성을 위해서 하는 거지요. 초고 쓰는 데 도움 되는 책을 읽고, 운동해서 체력을 기르고, 글 쓰다가 막히면 산책하거나 음악을 듣는 식으로요."

"우와 이런 말은 처음 들었어요. 다 맞는 말이네요."

H는 이제 자신에게 맞는 책을 스스로 선택하고, 책에서 배운 대로 잘 적용하며 성장을 꾀하고 있다. 요즘 깊이 느끼는 것 중 하나가 '무슨 일을 하든지 때가 있다.'라는 것이다. H를 보면서 아들이 아기였던 때가 생각났다. 아들은 8개월부터 걸었다. 돌이 되었을 때는 비틀거림 없이 뛰어다녔다. 아들이 걷기 시작할 때 세발자전거에 태웠다. 자전거에 앉히면 알아서 페달을 밟고 앞으로 나아갈 줄 알았다. 그러나 아이는 자전거에 앉아서 꼼짝도 하지 않았다.

"아들, 여기에 발을 올리고 앞으로 세게 밀어."

"……."

아무리 설명해도 달라지는 건 없었다. 할 수 없이 뒤에서 밀어주었다. 그러던 어느 날 더 설명하지 않았는데 페달을 밟고 혼자 앞으로 나아갔다. 그날 이후 자전거는 더 이상 밀지 않아도 다. 그때 처음으로 깨달았다. 무슨 일에나 다 때가 있다는 것을. 때가 되면 크게 애쓰지 않고 조금만 자극을 줘도 엄청난 결과로 이어진다. 조급한 마음에 서두르면 도리어 흥미를 잃고 포기하는 경우가 생기기도 한다.

H와 함께 책 읽기도 마찬가지다. 처음 책에 관한 얘기를 나눌 때 성급하게 다가갔다면 나를 피해 다녔을지도 모를 일이다. 강권하지 않았기에 때가 되어 자연스럽게 함께 할 수 있었다. 아무리 좋은 것도 본인이 필요성을 느끼지 않으면 소용없다. 책을 통하여 앞으로 더 성장하고 성숙해지는 H를 기대한다.

나를 먼저 사랑하기

"나는 잘하는 게 하나도 없어."

3년 전 아무런 준비가 안 된 상태에서 책을 써 보라는 권유를 받았다. 남 앞에 내세울 만한 특별한 얘깃거리가 있는 삶이 아니었다. 남들과 비슷한 과정을 거치면서 남이 하는 고민하며 살았을 뿐인데 뭘 쓰라는 건지 이해가 안 되었다. 그러면서도 주위의 부추김이 계속되자 '나는 책을 쓸 만한 사람이구나. 책을 써야 하는구나.'라는 생각을 하게 되었다. 이후로 책을 반드시 써야 한다는 의무감마저 생겼다. 한 글자도 적을 수 없는 상황에서도 의무감은 사라지지 않고 점점 더 나를 조여 왔다. 옆에서 누군가 자극을 주면 자신감이 충만해져서 노트북을 펼치고 몇 줄을 적었다. 그러나 거기까지였다. 글을 쓰는 게 쉬운 작업이 아니기에 '역시 나는 안 되는구나.' 하며 포기하기를 이 년 동안 반복했다.

나만 알고 꼭꼭 숨겨두었던 과거를 세상에 공개하고 싶지 않은 마음도 있었다. 내 글을 읽고 '나를 무시하지는 않을지, 숨겨진 나를 알고 실망하면 어쩌나'하는 두려움이 있었다. 그러던 중 『강안 독서』를 쓴 이은대 작가의 무료 글쓰기 강의를 몇 번 들었다. 작가는 교도소에서 글을 쓰기 시작했다. 강의할 때, 교도소 다녀온 걸 처음 말할 때는 부끄러웠으나 이제는 글과 강의의 소재일 뿐 전혀 창피하지 않다고 했다. 숨기고 싶은 아픈 이야기도 남 앞에서 다섯 번만 말하면 더 이상 아프지 않다고 했다. '정말 그럴까?'라는 의구심이 들었지만, 용기를 냈다. 블로그에 조금씩 나의 이야기를 적었다.

실패라고 단정 지었던 나의 인생은 부끄러운 것이 아니었다. 실패한 후에도 나는 주저앉지 않았다. 그 상황에서 할 수 있는 것을 찾아 행동하며 최선을 다해 살았다. 내가 선택한 방법이 정답이라고 말할 수는 없겠지만 당시에는 최선이었다. 살면서 겪는 크고 작은 실패가 인생 전체의 실패는 아니다. 실패한 그곳에서 포기하는 것이 진정한 실패다. 그렇기에 내가 살아온 지난날을 창피하게 여기며 숨길 이유가 없었다. 나만 실패하는 것이 아니었다. 누구나 실패할 수 있다고 관점을 달리했더니 나의 지난날도 다르게 보였다. 생각을 조금 다르게 했을 뿐인데 자존감이 회복되었다.

30년 전 처음 O를 보았을 때 그녀의 얼굴은 반짝반짝 빛나다 못해 얼굴 주변에 후광이 비칠 정도였다. 늘 웃고 명랑한 그녀는 나와 다른 세상에 사는 것처럼 보였다. 인연이 끊어진 것 같다가도 다시 만나기를 반복하며 30년을 지냈다. 그렇게 해맑던 그녀의 얼굴에 그늘이 지기 시작했다. 겉보기와 달리, 어린 시절엔 늘 불안했고 결혼 후에도 녹록한 삶이 아니었다는 말을 들었다. 안쓰러운 마음에 상처 입은 그녀를 토닥여 주다가도 그녀가 깊은 우울감에 빠질 때는 힘에 겨워 피하기도 했다. 그런 내가 서운했을지도 모르겠다. 당시엔 내 코가 석 자였기에 남의 마음을 깊이 헤아릴 아량이 없었다. 내 친한 친구의 친정엄마는 "손주가 오면 두 시간은 좋은데, 그 이상은 힘들다."고 하셨다. 내가 딱 그랬다. 어느 정도 그녀의 투정을 받아주다가도 나의 한계치를 넘어서면 나도 같이 힘이 들었다.

O에게는 장점이 많았다. 부모님 잘 모시고, 남편에게 잘하고, 자녀 둘을 남부럽지 않게 키웠고, 음식을 맛깔스럽게

잘 만들었다. 가진 것을 이웃과 나누는 넉넉한 마음도 가지고 있다. 이렇게 긍정적인 면이 많은데도 그녀는 자존감이 무척 낮았다. 자신이 가지고 있는 긍정적인 면을 보지 못하고 부정적인 것에만 집중했다. '이것도 못 하고 저것도 못 해. 나는 할 줄 아는 게 아무것도 없어.'라고 스스로를 비하했다.

　연락이 뜸한 사이에 그녀는 자격증을 취득하여 취업했다. 어엿한 직장인이 되어 내 앞에 나타났다. 업무에 집중하며 O는 예전의 모습을 찾아갔다. 특유의 발랄함으로 돌아가고 있었다. 분명 전과 달라졌는데 뭔가 봤더니 우울감에서 많이 벗어나 있었다. 그녀는 다독가였다. 종교 서적이라는 한 분야에 치우치긴 했어도 책을 많이 읽었다. 그런 그녀가 자기계발서에 눈을 뜨면서 자신의 문제가 무엇인지 조금씩 인지하기 시작했다. 책을 주제로 대화할 수 있는 상대가 한 명 더 생겼다. 만날 때마다 우리는 책에 대해 이야기했다. 어느 날 공원을 산책한 후에 커피숍에 갔다. 내가 자존감을 회복하게 된 과정을 얘기하며 그녀의 지난날도 치유가 필요하다고 말했다. 그녀도 내 말에 동의했다. 이후 우리는 마음치유와 관련된 이야기를 나눴다. 나의 경험담과 책에서 배운 지식을 전해주었다.

"내 인생의 주인공으로 살지 않으면 행복을 느낄 수 없어요. 인내하며 희생하는 것이 미덕이라고 교육받은 우리는 내 의견을 말하기가 쉽지 않지만, 그래도 해야 해요. 그래야 내가 살아요."

"나 그런 거 잘 못 해. 근데 이제 이렇게 살고 싶지 않아."

"먼저 내가 상처받고 아프다는 걸 알고 인정해야 해요. 그걸 인정하는 게 제일 중요해요."

몸에 이상을 느끼고 병원에 가서 검사받았는데 '암'이라는 진단을 받은 사람이 있다고 가정하자. 처음엔 자신이 암 환자라는 걸 거부하다가 화내는 과정을 거치면서 모든 것을 받아들이고 치료를 시작한다. 이처럼 내가 아프다는 걸 인정해야 병을 고칠 수 있다. 마음의 병도 마찬가지다. 상상 속의 내가 아니라, 있는 그대로의 나 자신을 인정해야 한다. 그래야 상처에서 헤어날 방법을 찾을 수 있다. 내 마음을 치유하는 데 크게 도움이 되었던 책 세 권을 그녀에게 추천해 주었다. 마리사 피어의 『나는 오늘도 나를 응원한다』, '있는 그대로의 나를 사랑하라'라는 부제가 붙은 루이스 L. 헤이의 『치유』, 김윤나의 『말그릇』이다. 소설처럼 한 번에 휘리릭 읽지 말고 천천히 읽어보라고 했다.

"책 내용 너무 좋다. 그 책 읽고 나니까 마음이 좀 편해졌어."

"내가 봐도 좀 달라진 것 같아요."

"그렇지? 나 좀 살 것 같아."

O를 만날 때마다 그녀의 장점을 칭찬했다. 칭찬은 고래도 춤추게 한다. 입에 발린 말이 아니라 그녀는 칭찬받을 충분한 자격을 갖추고 있었다. 선택의 갈림길에서 조언을 구할 때는, 내 일처럼 공감하며 내 생각을 얘기해 주었다. 자존감을 회복해 가는 그녀를 보고 있으면 나 역시 기분이 좋아졌다. 자존감이 낮을 때의 어둡고 힘든 마음을 알기에 그녀를 돕는 것이 나에게는 큰 즐거움이었다.

"나는 못 해."하면서 아무것도 시도하지 않던 그녀가 부족한 부분을 채우려고 노력한다. 자신을 사랑하고 소중히 여기는 법을 배우며 실천하고 있다. 나 역시 그 과정을 거쳐서 여기까지 왔다. 그녀가 자신을 뜨겁게 사랑하고 응원하는 그날을 기대한다. 내가 나를 사랑하지 않으면 남도 나를 사랑해주지 않는다.

책임감으로 눌린 이에게

"나도 아내가 행복했으면 좋겠어요."

"효자치고 나쁜 사람 없다."라는 옛말이 있지만, "효자 남편과 사는 아내는 괴롭다."라는 말을 주부들 사이에서 많이 한다. 서로 반대되는 이 두 문장은 가족에 대한 의식의 차이를 말해준다. 남편은 자신의 부모와 형제까지 가족에 포함하는 반면, 아내는 부부와 자녀로 구성된 핵가족을 우리 가족이라고 생각하는 경우가 많다.

D는, 결혼 전에 부모님을 잘 모시고 동기간에 화목하게 지내는 것이 잘사는 것으로 생각했다. 그래서 결혼한 후 분가하지 않고 부모님을 모시고 살았다. 착한 아내는 그가 이끄는 대로 잘 따라 주었다. 그러나 D의 부모님은 그의 아내를 독립된 인격체로 존중하지 않았다. 날이 갈수록 이해할

수 없는 말과 행동으로 며느리를 힘들게 했다. 그 스트레스가 심하여 D의 아내는 첫 아이를 유산했다. 이 일이 계기가 되어 분가하여 떨어져 살면서도 부모님을 향한 그의 효심은 여전했다.

명절에는 부모님과 형제들 모두가 그의 집에 모여 차례를 지냈다. 명절을 치르기 위한 준비는 그의 아내 차지였다. 시동생이 결혼하여 동서들이 있었지만, 전혀 도움이 되지 않았다. 그의 아내는 명절 손님을 맞이하는 것보다 자신의 수고를 당연한 것으로 생각하는 남편 때문에 더 힘들어했다. 남편뿐 아니라 가족 중 누구도 그녀가 가족을 위해 애쓰는 것을 고마워하지 않았다. 모두 당연하게 여겼다. 명절에만 그런 게 아니었다. D는 수시로 동생 가족을 집으로 불러들였다. 그의 아내는 그때마다 푸짐하게 음식을 장만하여 먹이고, 돌아갈 때는 친정엄마가 딸에게 하는 것처럼 남은 음식을 바리바리 싸서 보냈다.

D는 자신이 효자이고 좋은 형이라고 생각하겠지만 틀렸다. 자신은 고작 전화 한 통 하는 것이 전부였다. 그 뒤치다꺼리는 아내 몫이었다. 아내의 희생을 강요하여 치루는 집

안 행사를 과연 옳다고 말할 수 있을까? D가 부모님에게 효도하고 동생들을 챙기는 동안 그의 아내는 점점 피폐해졌다. 부부싸움이 잦아지면서 D는 부모님과 배우자 사이에서 심한 갈등을 겪었다. 아내 사정을 봐주자니 부모, 형제에게 못할 짓 하는 것 같고, 반대의 경우에도 아내가 힘들어하니 아무것도 할 수 없는 상황에 그도 지쳤다. 어느 쪽도 무시할 수 없고 내려놓을 수 없는 문제였다.

D는 장남으로 책임감이 컸다. 집안에 어떤 문제가 생길 때마다 자신이 다 떠맡았다. 동생들이 있었지만, 자신이 해야 다 해야 한다는 강박증이 있었다. 그렇게 하는 게 힘들어도 당연히 해야 할 도리라고 여겼기에 아내의 희생을 강요하면서까지 가족을 돌보았다. 동생들이 결혼하여 아이 낳고 가정을 이루었어도 그는 아버지 같은 마음으로 대했다. 경제적으로 어려운 동생에게 용돈을 주기도 하고 심지어 아내 몰래 동생 차 할부금까지 내주고 있었다.

D는 부모님과 자기 형제에 대한 정성보다 아내를 우선시하고 배려하는 것은 불효라고 여겼다. D가 분가한 후에도 부모님은 당신들 집인 것처럼 수시로 D의 집을 드나들었다. 시어머니는 올 때마다 시시콜콜 참견하며 잔소리를 늘어놓

앉다. 시아버지는 며느리가 조금이라도 싫은 내색을 비추면 내 아들 집에 내가 왔는데 뭐가 잘못됐냐는 식이었다. 그의 아내는 시댁 중심의 가족문화가 주는 압박보다 '자기 가족의 시중을 들어줄 사람을 얻는 것'처럼 생각하는 '내 편 같지 않은 남편'의 태도 때문에 더 화가 난다고 했다. 하루는 나도 D에게 대놓고 얘기했다.

"D의 인생에 누가 더 중요한지 생각해 보세요. 부모님과 동생을 생각 안 할 수 없지만, 아내를 더 배려하고 위해줘야 해요."

"나도 아내가 행복했으면 좋겠어요. 우리 집 사정 잘 알잖아요. 모른 척할 수가 없어요."

"부모 형제를 나 몰라라 하라는 게 아니에요. 명령하듯 하지 말고 아내와 상의하세요."

"장남인 내가 부모님과 동생한테 잘하려는 게 나쁜 거 아니잖아요. 그걸 왜 집사람하고 의논하고 허락받아요?"

D는 요지부동이었다. 누구나 부모와 형제를 위하는 마음이 있지만, 장남과 장녀는 동생들이 이해할 수 없는 그들만의 무게가 있다. 리세터 스하위테마커르, 비스 엔트호번의 『첫째 딸로 태어나고 싶지는 않았지만』이라는 칙에서 '이제

는 맏딸로서 혼자 다 책임지거나, 완벽하지 않아도 괜찮다',
'다른 사람을 보살피느라 하소연하거나 기댈 곳이 없었다면
이제는 자신을 돌보라'고 하는 문장을 읽고 울컥했던 기억
이 난다. 또 이가희의 『아임 낫 파인』에는 내담자 중에 특이
장녀들이 많다는 내용이 있다. 장녀들이 가지고 있는 책임
감의 무게는 동생들이 생각하는 것보다 훨씬 무겁다. 장남
들 역시 마찬가지일 것이다. 나도 장녀이기에 그가 가지는
책임감과 부담을 잘 알고 있다. 어떤 것이 계기가 되었는지
알 수 없지만, D의 마음에 변화가 생겼다. 아내를 웃게 만들
고 싶다고 했다. 부부싸움에서 자기의 주장을 굽히지 않는
것이 이기는 것인 줄 알았는데, 그 생각이 틀렸다고 했다. '
지는 것이 이기는 것'이란 말의 뜻을 이제야 알겠다고 했다.

"장남이기 때문에 내가 다 해야 한다는 책임감이 크죠?"
"그렇죠."
"그 생각 내려놓으면 한결 마음이 편해요. 힘들어도 해야
해요. 나도 장녀라서 그 맘 잘 알아요."
"전에도 말했지만, 부모님 연로하셔서 돌봐드려야 하고,
동생들 형편이 어려운데 그냥 두고 볼 수가 없어요."
"이런 마음을 부모님과 동생들이 알아주던가요? 수고를

알아달라고 생색내는 건 아니지만 고맙다고 생각 안 하잖아요. 당연하게 여기잖아요. 부모님은 가까이 살면서 자주 안부 인사드리고 찾아뵈면 돼요. 동생들은 이제 각자 알아서 살라고 하세요. 입장을 바꿔서 D씨 형편이 어려워졌다고 가정해 보자고요. '내가 너희들 어려울 때 도와줬으니 이제는 나를 좀 도와줘라' 하면 동생들이 좋아할까요? '내가 도와달라고 했어? 형이 하고 싶어서 한 거잖아.' 이러지 않으면 다행이죠."

"얘기 듣고 보니 그러네요."

"부모 형제 걱정 좀 내려놓고 아내와 보내는 시간을 가져보세요."

"아내한테 잘해주고 싶은데 어떻게 해야 할지 모르겠어요."

"그것도 혼자 고민하지 마세요. 아내한테 물어보고 원하는 대로 하면 돼요."

"그러면 되겠네요. 그 쉬운 방법을 몰랐네요."

사람이 단번에 변하는 건 사실상 불가능하다. 그러나 무엇이 잘못되었는지 원인을 알면 변화를 시도할 수 있다. 또 꾸준히 노력하여 완성 단계까지 이르게 된다. D는 지금까지와 다른 삶에 도전하고 있다. 아내와 산책하고, 카페에서 커피를 마시며 아내의 얘기를 들어 주고, 여행을 다닌다. D 부부의 다정하고 행복한 모습을 볼 때면 내 마음도 기쁘다. 누군가를 도울 수 있다는 건 축복이다.

가족이니까 더 존중해주기

"아니 올케가 왜 힘들어. 올케 때문에 우리 온 가족이 힘든데."

올케는 오빠나 남동생이 결혼하면서 가족으로 맺어진 관계이다. 가족이라고는 하나 촌수가 없다. 가까운 것 같으면서도 멀게 느껴지는 이 관계에 어려움을 호소하는 사람이 많다. 가까이 살지 않으면 서로 왕래할 일이 드물고, 연락을 주고받아야 할 만큼 친분을 쌓기도 어렵다. 이 때문에 '가까이하기엔 너무 먼 당신'이라는 유행가 가사처럼 이 둘의 관계는 애매하다.

서로에 대해 잘 알기 어려운 상태라서 행동이나 말 하나에도 오해와 갈등이 생긴다. '혼내는 시어머니보다 말리는 시누이가 더 밉다'라는 우리 속담은 이 둘의 묘한 관계를 잘 표현한다. 남편과 결혼하면서 생긴 '시누이'라는 복병을 만나 속을 태우는 주부들을 만만찮게 볼 수 있다. 반면에 하는 일마다 마음에 들지 않는 올케 때문에 고민하는 시누이도 많다.

  나의 지인 S는 오빠의 아내인 손위 올케와 갈등이 심하다. 처음부터 그랬던 건 아니다. S가 보기에 올케가 좀 부족하고 눈에 차지 않아도 살아온 환경이 다르니 시간이 지나면 달라지리라 기대했다. 그러나 세월이 흘러도 올케는 변하는 게 없었다. 시집온 지 삼십 년째인 현재까지 요지부동이다. 집안 행사나 제사, 명절에 올케가 며느리 역할을 안 한다며 불평했다. 한 번도 일찍 와서 같이 음식을 준비하는 법이 없었다. 늘 밤늦게 오빠와 함께 왔다. 일찍 퇴근해서 남편의 일이 끝나기를 기다렸다 같이 오는 것이 신혼 때부터 지금껏 이어지고 있었다. 같은 도시에 살기 때문에 거리가 멀어서 그랬다고 볼 수도 없었다.

  노쇠한 친정엄마와 언니들과 함께 장을 보고 음식을 준비하면서 S는 울화통이 터졌다. 그녀가 보기에 친정엄마는 며느리를 들인 게 아니라 상전을 모시고 사는 것 같았다. 며느리에게 아무 말 하지 않고 묵묵히 일하는 엄마가 이해할 수 없고 밉기까지 했다. '올케한테 뭐 약점 잡힌 게 있나?'라는 생각이 들 때도 있다고 했다. 친정엄마가 아무 말을 안 하고 있어서 S도 말을 못 했다. 언니들이 보다 못해 올케에게 한

마디씩 하지만 변화는 없었다.

그렇다고 S의 올케가 막무가내로 무례하게 행동하는 건 아니다. S의 집안과 올케의 친정은 생활방식이 달랐다. 올케는 그 나름대로 가족과 잘 지내려고 애쓰는데 뭔가 자꾸만 어긋났다. 시댁의 풍습을 고려하지 않고 자기 방식으로 갈등을 해결하려고 하는 것이 문제였다.

"은주야, 삼십 년이면 강산이 세 번은 변하는 시간인데 우리 올케는 어쩜 그렇게 변하는 게 없니?"

"그러게, 속상하겠다."

"정말 모르는 건지, 알면서 모르는 척하는 건지. 도대체 모르겠어. 어느 때는 어리숙하다가 또 어떤 때는 꼬리 아홉 달린 불여우 같다니까."

"끙끙 앓지 말고 오빠한테 얘기해 봐."

"내가 얘기 안 했겠니? 오빠는 뭐가 잘못된 건지 모르겠대. 둘이 똑같아."

오빠에게 얘기해도 소용이 없다면서 S는 깊은 한숨을 내쉬었다. 친정엄마나 오빠가 중재 역할을 해주면 좋겠지만 그렇지 못해 갈등의 골이 점점 깊어졌다. 급기야 S는 올케를 남처럼 대하며 무시했다.

한동안 조용하더니 친정아버지의 생신이라 온 가족이 모여 저녁을 먹기로 한 날, 또다시 일이 벌어졌다. 모두가 쉬는 일요일로 날을 잡았다. S와 두 언니는 일찍 친정에 가서 아버지 생신상 음식을 마련하는 동안 올케는 전화 한 통 없었다. 저녁 6시에 식사하기로 했는데 7시가 넘어서 오빠 가족이 도착한 것이었다.

"은주야, 이해가 되니? 삼십 년이 다 되도록 자기가 손님인 줄 알아."

S의 마음도 이해가 되었지만 나는 올케의 입장에서 생각해 보았다.

"S야, 올케는 아무렇지 않고 너만 힘들까? 이 관계가 올케는 쉬울까?"

"아니 올케가 왜 힘들어. 올케 때문에 우리 온 가족이 이렇게 힘든데."

"너부터 봐. 올케를 남처럼 모른 척하잖아. 네 태도가 얼마나 냉랭하겠니? 네가 무시하는 거 올케가 모르겠니? 그때 기분이 어떨지 생각해 봐. 올케도 힘든 건 마찬가지야. 그래서 더 가족 모임에 늦게 오는 것일 수도 있고."

"자기가 그렇게 만든 거잖아."

S는 억울해하면서도 그럴 수 있겠다고 수긍했다.

올케가 상황을 어렵게 만들었다고 하는 건 S의 관점이다. 올케도 나름의 이유가 있을 거라고 본다. S가 화나는 이유는 올케에게 기대했던 것이 채워지지 않았기 때문이다. 인간관계는 서로에게 바라는 기대치가 있다. 그것이 충족되지 못할 때 갈등이 시작된다. 올케가 기대했던 것은 무엇이었을까? 올케의 말을 들어보지 않았으니 그 속마음을 알 수 없지만 미루어 짐작은 해볼 수 있다. 일면식도 없다가 남편과 결혼하면서 생긴 가족이다. 이십오 년 동안 아무 문제 없던 결혼 전 생활 습관을 하루아침에 바꾼다는 건 불가능에 가깝다. 도저히 이해할 수 없는 면과 노력해도 안 되는 부분이 있을 텐데 시집왔다는 이유만으로 일방적으로 맞추라고 하는게 억울했을 수도 있겠다.

"S야, 다름을 인정해 보는 건 어때? 올케더러 자꾸만 너희 집 가풍을 따르라고 강요하지 말고 올케를 있는 그대로 인정하는 거지. 우리도 결혼해서 시댁에 적응하느라 힘들었잖아."

"근데 우리 올케는 상식적으로 생각해도 이해가 안 돼."

"그럼 그 사람은 거기까지. '그릇이 그것밖에 안 되는구나. 너도 세상살이 참 힘들겠다.' 하며 측은지심을 가져봐."

나는 S에게 책 세 권을 읽어보라고 권했다. 정혜신의 『당신이 옳다』, 김유나의 『말그릇』, 최광현의 『가족의 두 얼굴』이다. 공감하는 방법과 나의 감정을 정확히 알아차리는 법, 가족이어서 주고받는 상처와 해결 방법을 알려주는 책이다. 책을 읽고 올케와의 관계에 조금씩 적용해 보라고 했다. 평소 책을 잘 안 읽는 S였지만 이 세 권의 책은 꼭 읽어 보겠다고 약속했다. 그만큼 올케와의 관계를 해결하고 싶은 마음이 간절하기 때문이다.

몇 개월이 지난 후 S를 다시 만났다. 제일 먼저 하는 말이 "은주야, 고마워."였다. 내가 추천한 책을 읽고 만감이 교차했다고 한다. 끝을 찾을 수 없을 만큼 얽혀있는 관계가 올케의 잘못만은 아니었다고 했다. 냉랭한 S에게 언제나 웃으며 말을 붙이고 어떻게든 잘 지내려고 애쓰던 올케의 모습이 생각났다며 올케도 나름대로 노력한 면이 있었다고 말했다. 삼십 년 동안 쌓인 감정을 하루아침에 풀 수는 없겠지만 올케를 다른 관점으로 보니 아주 형편없는 사람은 아니었다고 말하며 웃었다. 올케 얘기를 하며 웃는 S에게서 해결의 희망이 보였다. 가족이라는 이름으로 우리는 서로에게 상처를 주고받는다.

사람은 잘 변하지 않는다. 상대방을 바꾸려 하기보다 내가 변하는 게 제일 빠르다. 나와 다른 상대를 무조건 틀렸다고 하지 말고 다름을 인정하는 것이 중요하다. 내가 생각하는 사랑은, 상대를 나에게 맞추는 것이 아니라 있는 그대로 존중하는 것이다. 건강하고 행복한 가족관계를 위해서 꼭 가져야 할 덕목이다.

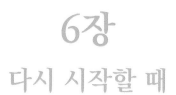

6장

다시 시작할 때

삶은 보는 각도에 따라 달라 보인다.
슬픔에 휘둘리지 않고 나로 살아가는 방법

왜 이렇게 참으셨어요?

"운동을 위해 시간을 내지 않으면,
병 때문에 시간을 내야 하게 될지도 모른다."

몸이 여기저기 아팠으나 '나이가 들어서 그런
가 보다' 하며 체념하고 있었다. 쉰 살이 넘어
가면서 여기저기 삐거덕거리며 몸이 신호를 보
냈다. 특히 뼈, 관절, 근육에서 확실하게 느껴졌다. 어느 때
부터인지 모르게 몸에 이상이 생기면 회복이 느렸다. 발목이
아파서 보니 복숭아뼈 아랫부분이 혹처럼 불룩하게 솟아 있
었다. 물풍선같이 말랑말랑한데 누르면 아팠다. 이삼일 지
나면 괜찮겠지 하면서 지냈다. 그러나 일주일이 지나도 호
전되지 않아 정형외과에 갔다.

"원장님 전에는 이런 거 생겨도 이삼일이면 괜찮아졌는데
이번엔 일주일 지났는데도 그대로예요."

"이제는 그럴 나이가 됐어요."

"네?"

"쉰 이후에는 자연 회복력이 떨어져서 그냥 두면 병만 더 악화돼요. 아프다 싶으면 참지 말고 얼른 의술의 힘을 빌리세요."

이제 의학의 힘을 빌려야 하나 보다. 이곳저곳 몸이 탈이 나기 시작하는 나이가 되었다는 뜻이다. 이 말을 듣고도 나는 건강에 무신경했다.

3년 전 봄에 어깨가 아팠다. 잠을 잘못 자서 그런 줄 알았다. 이때도 며칠 지나면 낫겠지 하며 견뎠다. 그런데 점점 심해져서 목을 움직일 수 없게 되어 옆을 보려고 하면 허리까지 틀어야 하는 지경이 되었다. 밤에 자다가도 통증 때문에 잠을 깨고 낮에 활동할 때도 이루 말할 수 없이 불편한데도 미련하게 참았다. 괜찮겠지 괜찮아지겠지 하면서 견뎠다. 어깨가 아프니 잠자는 자세가 불편해서 등에 담이 자주 들었다. 병원에 다녀와도 그때뿐이었다. 지인의 소개로 재활 운동센터에 갔다. 그동안 화를 참아서 생긴 스트레스가 몸의 병으로 나타나는 것이라 했다. 처음 방문했을 때 원장님이 물었다.

"어디가 아프세요?" 아픈 곳이 많아서 정확히 아픈 부위를 말할 수 없었다.

"허리 위로는 다 아파요. 어디가 젤 아픈지 모르겠어요."

"왜 이렇게 참으셨어요?"

"단순히 근육이 뭉쳐서 그런 줄 알았어요. 시간이 지나면 괜찮겠지 했는데 안 괜찮았어요."

그런데 원장님의 "왜 참으셨어요?"라는 한 마디가 나의 몸 상태에 관해서 물어보는 것 같지 않았다. 지금까지 아픈 일들을 억누르며, 인생은 원래 그런 것으로 생각하며 살아온 내 마음에 하는 말 같았다. 지나온 삶의 기억들이 파편처럼 떠올랐다. 나는 왜 그렇게 참고 살았을까? 아픈 구석을 왜 꾹꾹 누르며 살았을까? 숨겨두고 싶던 나의 마음 상태를 들킨 것 같았다. 몸의 통증은 어떻게 해서든 치유할 수 있다. 하지만 마음이 아프니 몸도 치유가 되지 않았다. 수십 년간 참고, 희생하며 살아온 내 삶의 아픔들은 몸이 나이 먹듯이 점점 더 깊어지고 있었다. 8개월 정도 치료를 한 후에야 몸이 정상으로 돌아왔다. 그리고 그 과정에서 내 마음의 통증도 조금씩 치유되었다.

지난해 추석 연휴 동안 머리가 깨질 것처럼 아팠다. 두통약을 먹어도 소용이 없었다. 엄마가 사용하는 혈압계로 혈압을 쟀다. 몇 번을 해봐도 최고 혈압이 160이 넘었다. 연휴가 끝난 후 병원에 가서 혈압을 측정했다. 며칠 사이에 혈압은 180까지 올라가 있었다. "이거 너무 위험해요. 지금 당장 뇌출혈로 쓰러져도 전혀 이상하지 않아요. 당장 고혈압약 드셔야 해요." 고혈압약을 복용한 지 벌써 일 년이 지났다.

2년에 한 번 하는 건강검진 결과를 보면 더 암울하다. 혈압뿐 아니라 콜레스테롤 수치가 높아 고지혈증의 위험이 있다고 하는 등 좋지 않은 결과를 받았다. 운동의 필요성을 절실하게 느끼면서도 워낙 운동을 싫어해서 시작하기가 쉽지 않았다. 나는 체육관, 헬스장처럼 운동 시설을 갖춘 곳에 다닌다거나 사람들과 어울려 규칙적으로 운동하는 것을 좋아하지 않아서, 일상에서 운동 효과를 내는 것을 시도했다.

승용차 대신 대중교통을 이용했다. 출근 시간이 늦기 때문에 버스를 타면 빈자리가 많았다. 앉을 자리가 많은데 혼자 서 있기도 좀 뻘쭘했다. 서서 가면 사람들 시선이 집중되는 것 같아서 늘 앉아서 갔다. 버스 정류장까지 걸어가고, 타야 할 버스를 기다리는 것 외에는 승용차와 다를 게 없었다. 방법을 조금 바꿔보았다. 내가 내려야 하는 정류장보다 두 정류장 전에 내려서 걸었다. 매장에 도착해서도 손님이 없을 때는 의식적으로 걸었다. 이렇게 해도 만족할 수준은 아니었다. 많이 망설였고 하고 싶지 않았던 마지막 카드를 썼다. 걸어서 퇴근하는 것이다. 가게에서 우리 집까지는 버스로 일곱 정류장이다. 걷기를 싫어하는 나에게는 큰맘을 먹어야 가능한 일이었다.

걷기 시작한 첫날은 한 시간 조금 넘게 걸렸는데 집에 오니 녹초가 되었다. 종아리에 알이 생기고 허벅지까지 아팠다. 일주일쯤 지나고 나니 걷는 요령이 생기고 통증이 사그라졌다. 걸어서 퇴근하는 것이 어느 정도 익숙해지니 출근도 걸어서 하고 싶은 마음이 생겼다. 5월 말쯤인 것으로 기억된다. 하루 날을 잡고 실험 삼아 걸어 보았다. 가게에 도착하니 땀이 비 오듯 흘러 기진맥진했다. 찝찝한데 씻을 수도 없고 기운이 빠져 하루가 힘들었다. 아침에 걸어서 출근하는 건 비추다. 아침엔 두 정류장 전에 내려서 걷고 저녁에만 온전하게 걸어서 퇴근하는 게 가장 적당했다.

이런 방법으로 걸으면서 '이게 무슨 운동이 될까?' 하는 의구심이 들었으나 뾰족한 수가 없었다. 그러다 2020년 코로나가 발생했다. 3월에 대구지역이 거의 봉쇄되다시피 하는 걸 보고 겁을 먹었다. 걷는 걸 포기하고 한 달 동안 승용차를 이용해서 출퇴근했더니 몸무게가 1kg이 늘었다. 걷기를 시작하며 '운동이 되겠나?' 의심했는데 효과가 있었다. 걷기의 효과를 확인한 후에는 유튜브에서 운동 채널을 보며 간단하게 할 수 있는 스트레칭을 병행했다. 몸이 찌뿌둥하면 폼롤러를 이용하거나 별도의 기구 없이도 가능한 스트레칭을 했다. 가벼운 근육통은 스트레칭만 잘해도 금방 좋아졌다.

마지못해 시작한 '걷기 운동'이었지만 근력이 길러졌다. 한 시간 넘게 걸리던 퇴근 시간이 이제는 사십 분이면 충분하다. 걷는 속도가 빨라진 건 물론이고 다리에 근력이 생겼다. 전에는 조금만 걷거나 서 있어도 다리가 아파 앉을 장소를 찾아 헤맸다. 이제는 한두 시간 정도 서 있는 건 일도 아니다. 몸이 좋아지는 걸 직접 체험하고 나니 의식적으로 걸었다.

주말에도 집에만 있으면 답답한 마음이 들어 서점이나 도서관에 간다. 그렇게라도 걸으면 기분이 좋아졌다. 집 앞에 큰 공원이 있는데도 불구하고 그곳에는 잘 가지 않는다. 공원에도 걷는 사람이 많지만 나는 도로 위에서 걸었기 때문에 습관처럼 보도블록을 따라 걷는다. 도로의 매연을 생각하면 공원이 나을 수도 있으나, 나는 공원보다는 도로가 편하다. 걷는 장소는 문제 되지 않는다. 장소보다 매일 하는 것이 더 중요하다.

내가 말하는 걷기는 산책과는 다르다. 유유자적 걷는 게 아니다. 평상시보다 조금 빠르게 걸어서 땀이 나야 한다. 또 평소보다 보폭을 10cm 더 벌려서 걷는 것이 효과적이다. 자신에게 맞는 운동을 선택하고 아기 걸음처럼 작은 목표에서 시작하는 것이 좋다. 운동뿐 아니라 모든 일이 그렇다. 시작부터 무리하면 분명 탈이 나고 만다. 의욕이 앞선 나머지 처음부터 목표가 높으면 얼마 못 가서 포기하게 된다. 할 수 있는 만큼의 적당한 목표를 세우고, 그 목표를 달성하면 자신감과 함께 더 하고 싶다는 욕구가 생긴다. 아주 작게 시작해서 성취감을 맛보며 서서히 강도를 늘려가는 것이 좋다. 목표를 달성했을 때 뿌듯함과 함께 기분 좋은 느낌은 이루 말할 수 없이 크다.

행복은 강도가 아니라 빈도라고 한다. 작은 성취감이 모여 큰 것을 이루게 한다. 행복한 감정을 유지하며 운동을 습관으로 만들기 위해 목표를 서서히 높이는 것이 좋다. '걷기'를 하며 신체만 건강해진 게 아니라 정서적인 면에서도 많은 도움이 되었다. 몸이 전보다 덜 아프니 스트레스가 줄면서 자연스럽게 짜증도 덜 났다. 기분 좋은 편안함이 있다. 운동과 신체활동은 사람의 기분을 좋게 하는 신경전달물질이 분비되게 만들기 때문에 스트레스 해소에 도움이 된다. 오늘 하루 당신이 할 수 있는 운동은 무엇인가? 지금 당장 그것을 하자.

배움은 언제나 옳다

"배움을 그만둔 사람은 20세든 80세든 늙은 것이다.
계속 배우는 사람은 언제나 젊다."
– 자동차 왕 헨리 포드

앞만 보고 달리다가 문득 정신을 차리고 주위를 둘러봤다. 내가 원하던 오십 대가 아니었다. 쉰 살쯤 되면 모든 면에서 안정적으로 자리 잡고 편안할 줄 알았다. 하지만 내 모습은 편안한 모습이 아니었다. 물론 자리를 잡지도 못했다.

우리는 평균연령 백 세 시대를 살고 있다. 쉰 살이면 인생의 반환점을 돌았다. 어떤 이들은 백이십 세라고도 한다. 이렇게 보면 나는 앞으로 남은 인생이 더 많다. 지금까지는 몸이 대체로 건강했고, 넉넉하지는 않아도 밥벌이는 할 수 있었다. 그러나 나이가 들수록 모든 면에서 노쇠할 것이다. 그런 상태로 오십 년, 더 나아가 칠십 년을 살 생각을 하니 앞이 캄캄했다. 끔찍하기까지 했다. 열심히 살았다고 생각했는데 이루어 놓은 건 없고 걱정만 한가득이었다.

내 또래 주변인을 보아도 정도의 차이만 있을 뿐 나와 별반 다를 게 없었다. 2016년 한국보건사회연구원의 '2015 보건복지정책 수요조사 및 분석' 보고서에 따르면, 우리나라 오십 대의 삶의 만족도가 최하위라고 했다. 가장 큰 걱정은 건강이고 다음으로 자녀 문제라고 답했다. 나는, 이 두 가지 외에 준비가 안 된 노후 문제도 포함되어야 한다고 생각한다. 이 불안을 무엇으로 극복할 수 있을까? 모두 '돈'과 연결되어있는 것처럼 보이지만 실상은 그렇지 않다. 경제적으로 어려움이 없어 보이는 이들도 불안하기는 마찬가지다. 이때쯤 나를 돌아보며 내면 공부를 하는 건 어떨까?

'내면 공부'라고 해서 거창하게 생각할 것 없다. 오십 대 이후의 공부는, 학업과 취업을 위해 지식을 쌓는 청년 때의 공부와 다르다. 중년에는 지혜를 얻고 삶을 돌아보는 공부가 주를 이룬다. 먹고사는 게 바빠서 돌보지 못했던 나를 만나고, 이제까지 받은 상처로 지친 나를 위로하고, 남을 위한 것이 아니라 나를 위한 삶을 계획하고 나만의 가치를 이루는 것이다. 무엇을 하더라도 늦지 않았다. 해야겠다고 깨달은 그 순간에 시작하면 된다. 중요한 것은 앞으로 살아갈 날 중 오늘이 가장 젊다는 것이다. 지금 시작하는 것이 가장 빠르다. 톨스토이가 『부활』을 쓴 나이는 칠십이 세, 일명 KFC 할아버지인 커넬 할랜드 샌더스는 육십오 세에 KFC 프랜차이즈를 만들었다. 밀크쉐이크를 만드는 믹서기를 영업하던 레이 크록은 오십삼 세에 맥도날드 1호 체인점을 개장했다. 맥도날드 형제가 개인 레스토랑으로 운영하던 것을 그가 인수해서 글로벌 프랜차이즈로 성장시켰다.

내가 말하는 중년의 공부는 이렇게 눈부신 성공을 말하는 게 아니다. 다만, 늦은 나이에 시작해서 세계적인 거장이 되고 큰 성공을 이룬 이도 있으니 우리도 용기를 내자는 것이다. 중년의 공부는 공부라기보다 배움에 가깝다. 자신이 원하는 것을 배우고, 그 안에서 기쁨을 느끼며 생활에 활력을 더하는 것이다. 늦깎이 배움에는 반드시 합격해야 한다거나 어떤 결과물을 만들어내야 한다는 부담 없이 즐기며 할 수 있다.

돈을 많이 들이지 않아도 배움의 장은 열려 있다. 지역문화센터나 복지관, 평생교육원 등에 관심을 가지고 살펴보면 다양한 분야의 강좌가 개설되어 있다. 내 가게 주변에도 인천여성가족재단과 도서관이 있어서, 많은 사람이 배움의 장으로 활용하고 있다. 취미생활뿐 아니라 민간자격증을 취득할 수도 있다. 우리 가게에 오시는 고객 중에 인천여성가족재단에서 그림 그리는 것을 배워서 화가로 등단하고 전시회까지 여는 것을 종종 본다. 수채화에 관심이 많은 나는 그런분을 보며 자극받아 목표를 세워보기도 한다. 언젠가는 꼭도전해 보고 싶은 분야이다.

나의 지인 A는 자신에게 필요한 배움을 이어가며 자신의일에 스펙을 쌓고 있다. B는 자격증을 취득하고 취업까지 했다. 중학교 동창 H는 장구를 배워 장구 학원을 개원하여 제자들과 함께 외부 공연을 하며 활발한 활동을 이어가고 있다. 또 단골손님인 여든 살의 할아버지는 숲 해설가 교육을이수하고 부천 호수공원에서 숲 해설가로 활동하셨다. 누가시켜서 하는 것이 아니니 더 즐겁고 만족도가 높다. 이렇게학교가 아니더라도 평생교육의 개념으로 접근하면 배움의기회는 무궁무진하게 열려 있다.

온라인으로도 질 높은 강좌를 들을 수 있다. 한국형 온라인 공개강좌 K-MOOC는 온라인을 통해서 누구나, 어디서나 원하는 강좌를 무료로 들을 수 있다. 대학 학점을 인정받을 수는 없지만, 강의의 모든 과정을 마치면 대학에서 수료증이나 이수증을 발급해준다. 무료로 학점은행제의 학점을 인정받을 수도 있다.

중년의 배움에는 그 종류가 다양하다. 나는 그 중 독서와 글쓰기를 택했다. 책 읽기는 전부터 하던 거라서 특별히 새로울 게 없었다. 그러나 읽는 방법을 달리했더니 알게 모르게 일취월장으로 성장했다. 독서를 통해 나의 정체성을 알게 되었고, 계획적으로 일을 수행하는 법을 배웠다. 무엇보다 긍정적으로 생각하고 행동하게 되어 미래에 대한 불안을 덜었다.

독서 모임의 회원들이 하나둘씩 자신의 이야기를 책으로 출간하는 것을 보았다. 그들 무리에 있으니 나도 자연스레 책 쓰기를 권유받았다. '내가 어떻게 책을 써. 말이 돼? 글이라고는 학창 시절 일기 쓰기가 전부인데 내가 무슨 책을 써. 에이, 말도 안 돼.'하며 거절했었다. 반복 학습의 효과였는지 자주 듣다 보니 어느 순간 책을 쓰고 싶어졌다. 글에 대한 기초도 없는 상태에서 무턱대고 쓴다고 되는 게 아니었다.

다들 '그냥 쓰면 된다.'라고 하는데 나는 그 '그냥'이 뭔지 도통 알 수 없었다. 먼저 감사일기를 매일 썼다. 처음엔 한 줄도 힘들더니 갈수록 문장의 길이가 길어졌다. 한 가지 감사에 여러 문장으로 표현하는 것이 가능해졌다. 다음으로는 블로그에 글을 조금씩 적었다. 글로 표현하니 반복되는 일상 가운데서도 특별했던 사건이나 생각을 찾아낼 수 있었다. 지루한 일상이 매일 반복되는 줄 알았는데 같은 날은 하루도 없었다. 이것이 삶의 활력소가 되어 하루를 관찰하는 습관이 생겼다. 책을 읽고 서평을 썼더니 책 내용이 정리되어 더 오래 기억에 남았다. 블로그에 포스팅한 글을 한 번씩 읽으면 책을 다시 읽지 않아도 내용을 알 수 있어 좋았다.

헝클어진 실타래처럼 어디서부터 손을 대야 할지 알 수 없게 꼬였던 과거 일을 포스팅했다. '아프다' '슬프다' '힘들다' '외롭다'처럼 막연하게 기억되는 감정은 어떻게 해도 처리가 안 되었다. 이런 감정이 생기게 만든 사건을 글로 적었다. 글을 쓰면서 사건의 원인과 오해했던 부분, 상대의 상황과 감정까지 깨닫게 되었다. 이런 과정을 거치면서 부정적 감정이 해소되어, 생각만 해도 숨이 막히고 화가 나며 답답했던 증상이 사라졌다. 이제는 관찰자의 입장으로 그 사건을 들여다볼 수 있어 마음이 편안하다.

나에게 도움이 되는 독서법을 배우고 글쓰기를 연습하면서 인생의 터닝포인트를 만들었다. 이런 과정이 없었다면 나는 아직도 불행의 늪에서 허우적대고 있을 것이 뻔하다. 그 생각을 하면 아찔하다. 책을 읽고 글을 쓰고, 또 이제 책을 쓰고 있다. 책을 출간 후에는 북콘서트도 할 수 있었으면 좋겠다. 생각만으로도 기분이 좋아진다. 과거에 얽매이지 않고 현재를 살고 미래를 꿈꾸는 지금, 이 시간이 행복하다. 불행했다고 여겼던 과거도 내 인생에 꼭 필요하고 소중한 인생 여정이었다.

사색하는 독서가

독서를 통하여 성장하는 사람과 그렇지 못한 사람이 있다.
사색하느냐 그렇지않느냐의 차이다.

"은주야, 아우 너무 심심해. 심심해서 몸살
날 것 같아."

"책 읽어봐."

"싫어. 안 읽어. 재미없어."

친구와의 대화 내용이다. 이 친구뿐 아니라 많은 사람이
이렇게 대답한다. 사람이 많이 모이는 곳이면 어디에서나 스
마트폰 삼매경에 빠진 이들을 쉽게 볼 수 있다. 이 스마트폰
때문에 책 읽는 시간이 줄어들었다는 통계가 있을 정도다.

나는 텔레비전을 거의 안 보지만 내가 운영하는 가게에서
가끔 TV를 켜놓을 때가 있다. 기다리는 고객의 지루함을 달
래주려는 의도에서다. 내 생각과 달리 TV가 켜져 있어도 고
객들은 자신의 스마트폰을 꺼내어 본다. 그들이 어떤 콘텐
츠를 보는지 나로서는 알 수 없다. 그러나 전자책을 읽는 것

같지는 않았다. 보통은 게임을 했다.

　나는 항상 책을 가지고 다니다가 어디서라도 잠깐 시간이 나면 꺼내어 읽는다. 그럴 때마다 다른 사람의 시선이 집중되어 부담스럽다. 특히 병원에서 진료 순서를 기다리는 동안 책을 읽는 것이 여간 뻘쭘한 게 아니다. 모두가 몸이 아프니 신경이 곤두서서 예민하다. 나 혼자만 책을 읽으려니 유별나게 행동하는 것 같아 눈치가 보인다. 어떤 때는 책을 꺼내지도 못하고 그들과 마찬가지로 스마트폰만 만지작거릴 때도 있다. 어린아이를 데리고 온 보호자가 병원에 비치된 책을 아이와 함께 보는 경우는 많다. 그러나 정작 본인은 책을 읽지 않는다. 물론 나도 그들 중 한 사람이었다.

　몇 년 전 자동차 종합검사를 받으러 갔을 때의 일이다. 자동차 검사를 맡기고 기다리는 시간을 이용하여 책을 읽었다. 그냥 읽기만 한 것이 아니라 형광펜으로 줄을 긋고 볼펜으로 메모까지 했다. 내 주위에 있던 사람들의 시선이 모두 나에게로 쏠렸다. 자동차 검사장까지 와서 유난 떨며 시험공부 하는 것으로 오해하는 듯했다. "저 여자 여기서 뭐 하는 거야? 진즉에 공부 좀 하지. 쯧쯧!" 하는 눈초리로 나를 곁

눈질하여 슬쩍슬쩍 훔쳐보았다. 좀 위축이 되었지만 당당하게 책도 읽고 자동차 검사까지 무사히 마치고 나왔다. 우리나라 사람들은 여럿이 있을 때 튀는 걸 좋아하지 않는다. 나 역시 튀는 행동을 할 때 눈치가 보인다. 틈새 시간을 이용해서 책을 읽고 싶은 마음이 있지만 쫄보인 나는 쉽지가 않다.

혹자는 책 읽는 시대는 지나가고 미디어의 시대가 왔다고도 한다. 그러나 미디어를 예찬하는 사람들도 독서를 전제로 하고 있었다. 인류 역사에서 책이 사라질 거라고 말하기도 하지만 책의 위력은 여전히 강력하다. 카카오를 창업한 김범수 카카오 이사회 의장은 1세대 IT 벤처 창업가로, 성공 신화의 주인공이다. NAVER를 운영하는 NHN의 공동대표였고, 국민 메신저 카카오톡의 창업자다. 인터넷 검색과 SNS 환경을 만들어 온 국민이 책을 멀리하는 데 주된 역할을 한 사람이다. 그가 오래전, 신문기자와의 인터뷰에서 '인터넷 검색보다 독서'를 강조한 것을 보았다. 자신의 성공도 독서가 밑거름이 되었다고 했다. 매일 아침 40분~1시간 책을 읽고, 독서에서 얻은 울림과 사색이 그를 성장시켰다고 한다. 누구보다 미디어 기기에 익숙한 그도, 독서는 종이책으로 한다. 물론 업무를 볼 때는 스마트폰을 사용한다. "인터넷 검색에서 찾은 한 두 문장으로는 전후 맥락을 이해하기 어렵다. 그러나 책을 읽다가 만나는 한 구절의 울림이 며칠 간 사색하며 성찰할 기회를 주기 때문에, 독서는 인터넷 검색과 비교할 바가 못 된다."라고 말했다. 성공과 행복의 의미를 고민하던 그가 NHN을 떠나, 벤처 창업가가 되어 카카오톡을 만들게 된 계기도 책에 있었다. 알렉스 파타코스의 『의미 있게 산다는 것』에 나온 "우리에겐 삶의 자세를 선택할 자유가 있다." 이 한 문장 때문에 그는 제2의 인생을 살게 되었다고 했다.

책에서 가슴 울리는 한 구절을 만났다고 다 성공하는 것은 아니다. 사색하며 내 것으로 만들지 않으면 어디에서나 흔하게 볼 수 있는 그저 그런 문장에 지나지 않는다. 독서를 통하여 성장하는 사람과 그렇지 못한 사람이 있다. 사색하느냐 그렇지 않느냐의 차이이다. 저자의 생각을 그대로 받아들이는 것이 아니라, 생각하고 사유하여 나만의 것으로 만드는 시간이 필요하다. 책을 읽고 떠오르는 것을 메모하며 생각을 정리해야 한다.

내가 참여하고 있는 '행북지기 독서모임'에서는 3분 글쓰기를 강조한다. 책을 읽다가 떠오른 생각이나 아이디어를 3

분 안에 글로 옮겨 적는 것이다. 3분 글쓰기 방식으로 읽었던 책을, 다시 읽으면서 그때 적은 메모를 발견하고 다시 사색하게 된다. 처음 읽을 때의 느낌과 사뭇 달라진 나를 발견하기도 한다. 성장한 내가 거기에 있었다. 사색하는 독서가 나를 성장하게 했다.

'독후장강(讀候長强)', 독서 후에는 오래도록 강해진다는 말이다. 책을 읽으면 힘이 생기고 지혜와 지식을 얻는다는 뜻이다. 그러나 아무리 책을 많이 읽었더라도 사색의 시간이 더해지지 않으면 독서의 효과를 기대하기 어렵다. 독서는 양보다 질을 더 강조한다. 다독보다 얼마나 많이 생각했는지가 더 중요하다. 어릴 때부터 책을 읽었지만, 나의 삶에 큰 변화가 없었던 이유도 여기에 있다. 흥미 위주로 책을 읽고 생각하는 시간을 가지지 않았기 때문이다. 사색이 없는 독서는 힘이 없다. 책을 읽고 얼마나 많이 생각하느냐에 따라 인생이 결정된다. 사색 없는 독서로 약간의 도움을 받을 수도 있겠으나, 대체로 책을 읽었다는 자기만족으로 끝나기 쉽다. 스스로 생각하지 않고 남의 생각을 그대로 받아들이는 것은 진정한 의미의 독서가 아니다. 양적으로 부족하더라도 자신의 주관적인 생각이 들어가야 온전히 나의 것이 된다.

책을 읽으면 여러가지 좋은 점이 있다 그 중 즐거움을 빼놓을 수 없다. 오로지 정보만 얻기 위한 독서에서는 즐거움을 찾기 어렵다. 기술 서적을 읽으며 재미있다고 생각하는 사람은 거의 없을 것이다. 우리의 상상과 생각이 더해질 때 독서에 흥미가 생기고 빠져들게 된다.

보통, 사람은 무언가를 하고 있을 때보다 가만히 있을 때 부정적인 생각에 빠져들기 쉽다. 조용히 혼자 있는 시간에 독서를 해보자. 독서에는 부정적인 감정을 긍정으로 바꾸어 주는 순기능도 있다. 또 독서를 통해 얻은 지혜와 지식으로, 감정에 사로잡히지 않고 충동을 억제해 올바른 선택을 할 수 있다.

나는 침착하고 평온한 사람으로 보인다는 말을 자주 듣는 편이다. 호수 위에서 유유자적하는 백조가 나의 모습이다. 물 위에서의 고고한 모습을 유지하기 위해 물속에서 쉼없는 발차기를 하는 백조처럼 나의 내면에서도 끊임없는 싸움이 이어졌다. 속은 언제라도 화낼 준비를 단단히 하고 폭발할 기회만 엿보고 있었다. 그러나 책을 읽고 생각할 시간을 많이 가지면서 감정과 나를 분리하는 법을 배웠다. 물속에서 발차기를 하지 않아도 우아한 모습을 유지하는 방법을 터득했다. 물속의 키 큰 돌 위에 발을 올려놓으면 된다. 책을 읽기 전에는 그런 지혜가 없었다. 남들이 나를 어떻게 생각할까에 전전긍긍하느라 정작 내가 어떤 사람인지는 생각할 여유가 없었다. 물속 키 큰 돌 위에 발을 올려놓은 후에야 나의 모습을 볼 수 있었다. 책에서 삶의 지혜를 얻고 마음의 안정을 찾았다.

"하루에 세 끼를 먹으면 배가 부르지만, 하루에 세 번 책을 읽으면 현명해진다." 이스라엘 9대 대통령이자 노벨평화상 수상자인 시몬 페레스의 말이다. 독서의 필요성과 그 효과를 잘 말해주고 있다. 이 세상에 쓸모없는 책은 없다. 단지 나와 맞지 않을 뿐이다. 그러나 내 관심 밖에 있던 책에서 큰 울림을 주는 구절을 만날 수도 있다. 그것이 나의 성장에 도움이 되어 그 분야에 흥미를 갖게 될지 누가 알겠는가? 세상 모든 이치도 이와 같다. 꼭 내가 관심을 가지는 것에만 의미가 있는 건 아니다.

매사에 감사합니다

"무탈하게 보낸 하루 감사합니다."

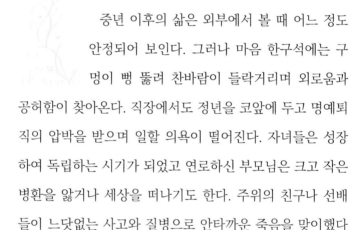 중년 이후의 삶은 외부에서 볼 때 어느 정도 안정되어 보인다. 그러나 마음 한구석에는 구멍이 뻥 뚫려 찬바람이 들락거리며 외로움과 공허함이 찾아온다. 직장에서도 정년을 코앞에 두고 명예퇴직의 압박을 받으며 일할 의욕이 떨어진다. 자녀들은 성장하여 독립하는 시기가 되었고 연로하신 부모님은 크고 작은 병환을 앓거나 세상을 떠나기도 한다. 주위의 친구나 선배들이 느닷없는 사고와 질병으로 안타까운 죽음을 맞이했다는 소식도 듣게 된다.

나도 중년이 되고 어느 날 갑자기 내 삶에 회의가 느껴졌다. 정체를 알 수 없는 무언가에 쫓기는 느낌이 들면서 불안하고 초조했다. 남편의 죽음과 가게의 경매사건, 아들의 병

역의무 같은 굵직한 일은 다 마무리되어 마음이 편해야 할 텐데 그렇지 못했다. 크게 스트레스받을 일이 없는데도 불구하고 불쑥불쑥 쫓기는 느낌을 받았다. 가족 모두가 잠든 밤에 혼자 뒤척이며 이런저런 생각에 잠 못 이루는 날이 많았다. '나 지금 뭐 하는 거지?' '내가 사는 이유는?' '언제까지 이렇게 살아야 해?' 이런 질문이 꼬리에 꼬리를 물었다. 무엇을 하더라도 의미가 없고 무기력했다. 삶의 의미를 잃고 방황했다. 예전 같으면 그냥 넘겼을 작은 일에도 울컥하며 눈물이 쏟아졌다. 내가 상상하던 중년의 모습과 너무나 동떨어진 나를 보며 괴리감을 느꼈다. 친정엄마와 아들도 소중하지만, 무인도에서 혼자 살면서 내가 하고 싶은 것만 하며 내 마음대로 살아보고 싶다는 생각도 들었다. 나만 그런 게 아니었다. 친하게 지내는 동년배의 지인들도 같은 것을 호소하고 있었다.

"은주야, 나 이제부터 돈 모아서 혼자 살 거야."
"왜?"
"그동안 너무 많이 참았어. 이제 좀 자유롭게 살고 싶어."
눈물을 글썽이며 친구는 한숨을 내쉬었다.

"이제 더는 친정엄마가 하자는 대로 안 할 거야."

"무슨 일 있었어?"

"나도 내 일이 있는데, 엄마가 내 계획은 물어보지도 않고 자꾸만 일을 만들어."

착한 딸로 소문난 지인이 한 말이다.

"은주야, 내가 우리 딸한테 어떻게 했는지 너도 알지? 걔 고등학교 다닐 때 비위 맞추느라 내가 얼마나 힘들었니. 근데 글쎄 엄마가 해준 게 뭐가 있냐고 대든다."

내가 보기에도 그녀는 외동딸에게 지극정성이었다.

이렇게 우리는 중년이 되어 각자 지나온 삶을 돌아보며 변화를 꿈꿨다. 알게 모르게 우리 발목을 붙잡고 있던 것에서 벗어나기를 원했다. TV나 영화, 소설에서는 종종 '꽃중년'이 등장한다. 그들은 어느 정도의 경제적 여유를 바탕으로 여가 활동과 사회 활동에 적극적으로 참여하며 자유롭게 자신이 원하는 삶을 산다. 부러움의 대상이지만 실제로 그렇게 사는 사람이 얼마나 될까.

'중년'이라는 것은 생각의 차이에 지나지 않는다. '나도 벌써 중년이네. 좋은 시절 다 갔네. 내 인생도 끝이다.' 이렇게 부정적으로 생각하면 중년은 분명 힘든 시기다. 그러나 '나만 중년의 압박감을 느끼는 건 아니다. 삶의 무게가 큰 만큼 살아야 하는 이유도 많다.'라고 긍정적으로 생각하면 마음이 훨씬 가벼워진다. '인생은 육십부터'라는 말이 있다. 중년에도 기죽지 않고 활기차게 살아야 하는 이유로 충분하다. 중년의 삶도 긍정적인 이야기로 만들어야 한다.

긍정적인 삶을 위해 감사일기를 써 볼 것을 권한다. 하루를 돌아보고 내 삶을 감사로 채워간다면 중년에 겪는 심리적 위기를 수월하게 넘길 수 있을 것이다. 아무것도 아닌 것처럼 보이는 작은 일에 의식적으로 감사하다 보면 행복한 마음이 든다. 긍정심리학의 창시자 마틴 셀리그만 교수는 매일 감사한 일 세 가지와 그 이유에 대해 적어보라고 조언한다. 매일 감사일기를 쓴 사람들이 그렇지 않은 사람보다 스트레스 호르몬이 적게 분비되어 컨디션이 더 좋고 능률적으로 업무를 수행했다는 연구 결과를 발표했다. 감사일기에는 부정적으로 쏠려있는 감정을 긍정적인 방향으로 바꾸는 순기능이 있다.

감사일기는 언제 쓰든지 상관없다. 그러나 내 경험에 비추어보면 잠들기 직전에 쓰는 것이 가장 좋다. 일이 꼬여서 힘들었던 하루였다 할지라도 잠들기 전에 감사한 일을 적으면 저절로 입가에 미소가 번지며 행복감이 느껴진다. 처음에는 어떤 것에 감사해야 할지 생각나지 않을 수도 있다. 그러나 아주 사소한 것이라도 괜찮다. 날씨가 화창했다든지, 외출하는데 아파트 엘리베이터가 내가 사는 층에 대기하고 있었다든지, 길가에 핀 꽃이 예뻤다든지 등등. 아무 노트라도 상관없고 자필로 써도 좋고, 스마트폰이나 컴퓨터 같은 디지털기기를 이용해도 괜찮다. 도구는 중요하지 않다. 일단 시작해보라. 매일 세 가지씩 감사한 일을 적으면 평범한 하루가 얼마나 감사한지 알 수 있다. 이렇게 계속 써나가면 부정적으로 보였던 것들이 감사의 제목으로 변한다.

감사일기를 쓰기 시작한 지 벌써 4년이 되었다. 많은 변화가 있었다. 가장 큰 변화는 "감사합니다."란 말이 자연스럽게 나온다. 특히 식당에서 주문한 음식이 나왔을 때나 물건을 살 때 무의식중에 습관적으로 나온다. 남을 배려하는 마음도 커졌다. 요즘 코로나로 인해 필요한 물건을 택배로 주문할 때가 많다. 전에는 내가 비용을 계산했으니, 물건을 배송해 주는 것은 당연하다고 생각했다. 그러나 이제는 음료

수나 초코파이 같은 간단한 간식으로 택배기사의 수고에 감사를 표한다. 또 단점보다 장점을 먼저 보게 되어 감정 상하는 일이 줄었다. 남의 실수를 눈감아 주는 마음의 여유가 생겼다. 이런 긍정적 감정들로 인해 삶의 질이 높아지고 전보다 훨씬 더 행복한 나를 발견한다.

사는 게 재미없고 무기력하다면 감사일기를 써보라. 그럴듯한 일기장이 아니어도 상관없다. 밤에 잠들기 전, 하루를 돌아보며 감사한 일 세 가지를 적어보면 감사하지 않은 날은 단 하루도 없다는 사실을 알고 놀라게 된다. 온종일 아무 것도 하지 않고 뒹굴었다면 '쌓인 피로가 해소되어 감사하다' 이렇게 적으면 된다. 감사일기 쓰는 습관은 생활의 질을 높여주고 행복한 삶으로 이끌어 준다.

띠 동갑 친구

"사장님, 내 얘기가 궁금했을 텐데 먼저 안 물어보셔서 감사했어요."

 평균수명이 많이 길어졌다. 내가 어릴 때만 해도 환갑이 되면 자녀들과 친지, 친구들이 모여 잔칫상을 차려 함께 축하해 주었다. 친정아버지 칠순이었을 때 아버지는 가족끼리 조촐히 식사하자고 했다. 지난해에는 친정엄마의 팔순이었다. 코로나로 모이지 못하는 것도 있었지만 엄마는 조용히 지나가자고 했다. 과거와 달리 장수하는 것이 일상다반사가 되어 환갑, 칠순, 팔순과 같이 장수를 축하하는 시대는 지나갔다. 노후는 인생의 '덤'이 아니라 더 가치 있고 즐겁게 보내야 하는 시간이 되었다.

노후 준비라고 하면 '돈'이 가장 먼저 떠오른다. 물론 경제적인 면이 중요하다. 하지만 돈에 대한 걱정이 없다고 모

두 행복한 것은 아니다. 뉴스에서 보듯이 부모의 재산을 놓고 자식들 간에 다툼이 있는 경우도 많고, 심지어는 그 재산을 노리고 부모를 살해했다는 뉴스를 보기도 한다. '돈'만큼 중요한 것이 관계이다. 중년 이후에는 사람을 만나는 일과 만날 기회가 점점 줄어든다. 직장에서도 일선에서 물러나고 자녀들은 내 품을 떠나 그들만의 세계를 만든다. 연로하신 부모님과의 영원한 이별도 생각해야 하는 시기이다. 심리적으로 외로울 수밖에 없다. 그렇기에 젊은 날보다 친구 관계가 더 중요하다.

　여기서 말하는 '친구 관계'는 같은 나이에 국한하지 않는다. 나이에 상관하지 않고 함께 즐거움을 나눌 수 있는 관계이다. 같은 취미로 만날 수 있고, 배움을 같이 할 수도 있고, 자원봉사, 종교 활동 등을 통해서도 만날 수 있다. 특히 요즘은 SNS를 통해서 누구와도 쉽게 친구가 될 수 있다. 띠동갑이나 그 이상을 만나는 것도 보통 일상이 되었다. 나도 온라인 독서모임을 하면서 나보다 한참 어린 젊은이들과 친구가 되었다. 세상이 이렇게 변했다. 친구 열 명 중 세 명 이상이 나이가 열 살 이상 차이가 나면 노후에 친구 관계 걱정 없다는 말이 있다. 나이가 많고 적음에 상관없이 누구나 친구 관계를 맺을 수 있다.

중년 이후의 만남에는 산뜻하고 담백함이 있어야 한다. 우선 적당한 거리를 두고 만나는 것이 좋다. 어릴 때 친구는 오랜 시간 같이 지내며 서로에 대해 잘 알기 때문에 편하게 속마음을 터놓고 얘기할 수 있고 솔직한 의사 표현이 가능하다. 그러나 나이 들어 만나는 사람들과는 어느 정도 거리를 두는 게 관계 유지에 도움이 된다.

나는 단골손님으로 만나 고객 이상의 관계로 지내는 이들이 있다. 독신으로 중·고등학생 조카 둘과 함께 사는 분이 있었다. 사연이 궁금했지만 대답하기 곤란한 사정이 있을지도 모른다는 생각에 이유를 묻지 않았다. 어느 정도 친분이 쌓인 후에 묻지 않아도 자연스럽게 사정 얘기를 들을 수 있었다.

"사장님, 내 얘기가 궁금했을 텐데 먼저 안 물어보셔서 감사했어요."

"사연이 있을 거라고 짐작했지만 예의가 아닌 것 같아서 참았어요."

"네, 그게 정말 고마웠어요. 말할 준비가 안 됐는데 훅 묻는 분들이 많아요. 얘기하고 나서 울었던 적도 있어요."

상대가 말하지 않을 때는 그만한 이유가 있다. 개인적인 부분을 거침없이 묻는 것은 실례다. 사람과 관계에서도 속도 조절이 필요하다.

다른 사람과 만남을 시도하기 전에 먼저 마음가짐이 긍정적이어야 한다. 중년의 만남은 서로의 허전한 마음이 위로받을 수 있는 관계가 좋다. 그렇지 않으면 오히려 상처만 남는다. 동창회에 다녀온 아내가 친구들과 비교하여 남편에게 바가지를 긁는 것과 같은 현상을 겪는다. 이런 만남은 독이 된다. 남의 인생을 부러워할 것 없다. 어차피 보통 사람들의 인생은 다 거기서 거기다. 누가 더 나을 것도 못 할 것도 없다. 남을 부러워하는 것은 나의 부족한 부분을 그가 가졌기 때문이다. 남이 가진 것을 부러워하며 질투하는 것보다 내게 없는 그것을 가지게 된 그의 노하우를 배우는 기회로 삼아보자. 또 나만의 방법도 공유하며 서로에게 도움을 주는 긍정적 관계가 되어야 한다.

중년 이후에 새로운 만남 못지않게 오랜 친구와의 관계를 유지하는 것도 중요하다. 미주알고주알 다 말하지 않아도 서로에 대해 잘 알고 있기에 마음 편히 만날 수 있다. 연락이 뜸했다가도 어제 만났던 것처럼 편하게 얘기를 나눌 수 있는 사이다. 나이 들어서는 이런 관계를 만드는 게 쉽지 않다.

그러나 이런 편안함 때문에 '무소식이 희소식'이란 말로 위안 삼으며 무심하게 대하기도 한다. 코흘리개 시절부터 지금까지 만남을 이어가는 친구들이 있다. 코로나로 모두가 힘든 시기에 어떻게 지내는지 궁금하면서도 '잘 지내겠지' 하면서 연락을 못 하다가 마음먹고 전화했다.

"어머 은주야, 잘 지내지?"

"응, 어떻게 지내나 궁금해서 전화했어."

"나는 잘 지내. 딸이랑 같이 코로나 백신 맞고 집에서 쉬고 있어."

"아. 그래, 괜찮니?"

"팔이 좀 아프고 엄청나게 졸리네. 하루 종일 잤어."

2년 만에 한 통화에도 우리는 어제 만났던 것처럼 어색함이라곤 티끌만큼도 없었다. 특별한 사건이 없었지만, 우리의 수다는 계속 이어졌다.

"어제 엄마가 해준 배추전 먹다가 너 생각났어. 놀러 와. 엄마가 너 오면 배추전 해주신대."

"그러잖아도 얼마 전에 내가 배추 사다 해 먹었는데 그 맛이 안 나더라. 맛이 없어."

이 친구가 우리 집에서 처음 배추전을 먹던 날 '얘네 집이 배추로 전을 해먹을 만큼 가난하지는 않을 텐데.'라고 생각했다고 한다. 그런데 먹어보니 너무 맛있더란다. 오래된 추억까지 꺼내어 우리의 수다는 끊이지 않았다. 나의 소홀함으로 어린 시절의 친구를 잃어버린다면 그건 큰 손해이다. '이심전심이라고 말 안 해도 내 맘 알겠지'라고 생각해서는 안 된다. 친한 관계일수록 '그걸 꼭 말로 해야 하나?' 하겠지만 표현하지 않으면 모른다. 먼저 손 내밀고 관심을 가지며 좋은 관계를 이어가야 한다.

중년 이후의 삶이 외롭지 않으려면 관계를 잘 풀어가야 한다. 나이 들었다고 해서 가만히 있어도 알아서 챙겨주고 배려해주기를 기대해서는 안 된다. 먼저 다가가는 게 중요하다. 먼저 손 내밀고, 부드럽게 말하고, 어려울 때 공감하고 챙겨주어야 한다. 공짜로 사람의 마음을 얻을 수 없다는 걸 기억하자. 주위 사람들과 사이좋게 지내면 스트레스가 줄고 행복한 마음이 든다. 내가 행복하면 내 주변도 같이 행복해진다. 관계 맺음을 잘하면 삶이 풍요로워진다.

에필로그

　나에게 행복을 물어본 적이 있다. "은주야, 행복이 뭐라고 생각하니?" 오랜 세월 나만의 정의를 내리기 어려웠던 질문이었다. 생각해보면 내 인생은 불안의 연속이었다. 하지만 지금은 괜찮다. 나름 괜찮은 삶이다. 하고 싶은 일이 생겼고, 보여주고 싶은 것이 생겼고, 사랑하는 가족이 있다. 행복은 가장 나답게 사는 것이다. 남이 기대하는 '나'가 아니라 내가 주인공인 '나'일 때 가장 행복하다. 내가 원하는 것을 이루기 위해 노력하는 내가 좋다.

　상담 일을 하고 싶다는 열망이 있다. 지금이 가장 좋은 때라고 생각한다. 아흔 살의 할머니가 예순 살에 피아노를 배우지 않은 게 후회스럽다는 얘기처럼, 지금이 바로 시작할 때라고 생각한다. 나이 때문에, 환경 때문에, 그 무엇 때문에 망설이는 사람이 있다면 이렇게 얘기해주고 싶다. "하세요. 당장 시작하세요. 지금 하지 않으면 내년에 오늘 시작하지 않은 걸 후회할 거예요. 그냥 하시면 돼요."

　무엇을 어떻게 해야 할지 모르겠다면 독서를 권한다. 자신이 원하는 분야에 성공한 사람의 책을 읽고 따라 하면 된다. 꿈을 이루는 방법 중 가장 효율적인 기술이다. 책을 읽기만 해서는 원하는 삶을 살 수 없다. 변화를 얻기 위해서는 행동해야 한다. 행동하지 않는 지식은 아무짝에도 쓸모없다. 건강하기 위해서 운동해야 한다는 걸 아는 것보다 몸을 움직여 운동하는 것이 더 중요하다. 원하는 것을 얻기 위한 행동이 반드시 따라야 한다.

　아프리카 어느 부족은 모든 구성원이 A형의 혈액형을 가지고 있다. 부족원 중 한 사람이 화가 나 있으면 사람들이 가서 간지럽힌다고 한다. 우리가 변화하는 데 필요한 것은 그리 큰 것이 아니다. 그저 작은 웃음에서 시작한다. 한 개의 도미노는 자신보다 1.5배가 큰 것도 넘어뜨리는 힘을 가지고 있다. 5cm의 도미노를 시작으로 1.5배씩 크기를 늘리면 열여덟 번째에는 피사의 사탑을 넘어뜨릴 수 있다. 쉰일곱 번째에는 달까지 닿는 크기가 된다고 한다. 5cm에서 시작한 것이 어마어마한 결과를 낳는다. 작은 행동 하나가 변화의 시작이다.

변화는 내가 행동하는 데서 시작한다. 이런저런 핑계를 대며 누구에게 뒤집어씌울 필요 없다. 힘들다고 누워있지 말고, 밖으로 나가서 따뜻한 햇살을 쬐어 보자. 우리에게 필요한 것은 이불을 벗어날 아주 작은 용기뿐이다.

모든 것은 행동하는 첫걸음에서 시작한다.

이제 당신이 이야기 할 차례입니다

당신의 이야기를 세상에 들려주세요.